神時間力

GOD TIME

懂得善用時間，人生就能心想事成

LIFE IS WHAT YOU WANT IT TO BE IF YOU USE YOUR TIME WELL.

星涉／著
藍嘉楹／譯

前言

沒有人知道「時間的真正用法」

黑野　「為什麼不論過了多久，人就是學不會善用時間呢。」

謎之影　「自從你說了『讓我來教教這些太不會利用時間的人類如何善用時間』這句話，已經過了一萬年吧。結果你教了他們多少啊。你真的有好好教嗎？你不是時間之神嗎？」

黑野　「沒想到你會講這種話。我當然有認真教啊。正是我教得很認真，人類今天才有這麼好的發展啊。」

謎之影　「那你剛才為什麼感嘆人類不會利用時間呢？」

黑野　「都是因為現代人啊。」

謎之影　「現代人？」

黑野　「就是現代人。**從歷史的角度來看，這些人運用時間的方法真的很差勁。**根本沒有學到真正善用時間的方法。

反而因為生活變得太方便，淪落到被時間追著跑的地步。很多人一直喊沒時間，卻有空滑手機，這樣完全是本末倒置。真的太可憐了。」

謎之影　「你還笑得出來啊。畢竟我們也一直看著人間，和現代人比起來，五千年前的人確實比較沒有時間壓力。」

黑野　「這句話很中肯。為了教會這群現代人如何使用時間，我這次嘗試化身為人間的大學教授，但嘗試後讓我覺得很絕望。」

時間之神．黑野拿出一本黑色筆記本翻了起來。

他的手在翻到某一頁時停了下來，好像有什麼內容引起他的注意。

黑野　「真是傷腦筋呢。**現代人似乎沒有一個了解到『人生的時間就是自己的餘生』這句話的本質。**雖然很喜歡把時間管理、時間術、任務管理、高效率化這些用語掛在嘴邊，其實根本都評估錯誤了。他們根本搞不清楚時間真正的用法。」

黑野把手邊所有人間有關時間管理、時間術的書籍通通燒個精光。

黑野　「看樣子他們以為追求時間效率就是善用時間呢。如果真是如此，**現代人等於這一生只是為了做好數不清的工作而耗費了大把時間**……。這樣真的值得嗎？」

謎之影　「雖然你看起來像是為現代人覺得感慨，但在我看來，這不是你的真心話吧。」

黑野　「你說的沒錯。現代人擁有的可能性，可不是就這點程度而已。他們只是不知道時間真正的用法。**只要學會了由我這個時間之神傳授的『時間的真正用法』，人生就會發生天翻地覆的變化。**」

謎之影　「嘴上抱怨，但還是很樂在其中嘛。反正你頂多做到讓自己心安理得的程度吧。你看，是不是又有哪個現代人哭哭啼啼要向你討救兵了呢？」

說完這句話後，謎之影一下子消失無蹤。

黑野　「真是的，那個人居然抱著看好戲的心態……」

黑野微微一笑。

黑野　「不過，這樣也沒什麼關係吧。反正，能夠讓人生天翻地覆的**『時間的真正用法』確實很完備的。**不管是什麼人，**只要知道這真正的用法，就能夠善用時間，人生也會心想事成。**那麼，下一個就是這個人吧。」

黑野的目光再次停留在剛才翻到的那一頁，提起筆不知寫了些什麼。

黑野　「我賭上時間之神的名聲，接下來就要使出看家本領，好好教一教現代人，什麼是能夠改變人生的時間的真正用法。」

本故事描述的是時而嚴厲，時而溫柔又充滿幽默感的時間之神，對現代人誨人不倦，讓他們學會時間的真正用法，進而使人生發生戲劇性變化的過程。另外，書中敘述的所有內容都有科學根據。

【目錄】

0 時間之神傳授的「神時間力」

春香 「老師，我真的撐不下去了。出了社會以後，時間真的少得可憐！請你幫幫我！」

走廊奔跑的聲音變得愈來愈大，接著戛然停止。與此同時，有人猛力推門走了進來。來者是穿著低跟鞋的中長髮女性——青井春香。

黑野 「青井同學，按照每年的慣例，妳得到一點了。恭喜妳今年也拿到了報到點數。咦？今年還附帶櫻花的花瓣呢。妳的頭上黏著櫻花的花瓣喔。」

出來迎接青井春香的是東都大學的教授黑野優。他身穿合身且優雅的灰色西裝，頭髮也經過精心梳理，臉上則流露出一股精明強悍又知性的氣息，甚至頗有幾分英國紳士的瀟灑風采。沒有人知道他是時間之神。

春香 「真的呢。我完全沒發現。」

春香拍掉頭上的粉紅花瓣。

春香「老師，拜託你聽我說。我真的累到不行了。」

黑野「……青井同學，這句話妳一年前不就說過了嗎？」

春香「這次真的撐不下去了。我已經到極限了。」

春香一副累壞的樣子在椅子上坐了下來。

她是黑野研究室的畢業生。八年前從大學畢業後，進了一間大公司的業務部就職。不過，因為受不了工作過於繁忙，跑來向以前在校時就仰慕不已的黑野尋求協助，這已經成為她每年一次的「例行公事」了。

黑野「居然讓妳每年都跑一趟，可見青井同學的工作很血汗呢。那妳今年又是因為哪件事決定跑這一趟呢？」

春香「課長跟我說：『妳進公司都第八年了，應該有能力教育後輩了吧』。」

黑野「這不是很好嗎？這不就代表主管已經認同了妳的工作表現嗎？」

春香「話是這麼說沒錯……但不只是這樣而已。他還理所當然地要我負責更多客戶。課長只說了一句『沒辦法。因為其他人做不來』。這下可好了。不論我再努力工作，換來的下場是變得愈來愈忙。我再也無法忍受這種情況了。我都已經犧牲自己的私生活、拚了命的工作，但我也有其他想做的事啊，卻完全被逼到沒有時間也沒有力氣了。」

黑野「原來是這樣。那真的很辛苦呢。」

黑野的嘴上雖然說著安撫春香的話，臉上卻露出「每年都要來這一齣」的表情。

黑野「愈努力愈忙嗎？無論做得再多，肩頭的擔子還是一樣重。最後連自己活著是為了什麼都搞不清楚了。我說的對嗎？」

春香「還不到這種程度啦。但我會思考繼續這樣下去可以嗎？我這麼努力到底是為了什麼？」

春香露出了和往年稍有不同的表情。

黑野覺得（時機應該成熟了），於是決定攤牌。

黑野「青井同學，妳想要擺脫時間永遠不夠用的現狀嗎？」

春香「那還用說嗎！我就是已經被逼到走投無路，才決定來找老師幫忙。我聽說老師是時間效率之神！」

黑野　「說時間效率有點不太對。正確的說法是『時間的用法』之神。」

看樣子黑野對這點很堅持，無法妥協。

黑野　「當然，如果妳想知道如何擺脫忙到覺得時間不夠用的狀態，問我就對了。」

春香　「真有這種方法嗎？老師你好像沒教過我這個方法呢。」

黑野　「那是因為我之前覺得妳好像還沒被逼到走投無路的程度。如果教了妳，但又沒有確實執行，那不就白白浪費時間了嗎？」

春香　「沒錯，我現在真的無路可走了。」

黑野　「所以我再確認一次。妳是不是覺得自己愈努力愈忙，無論做得再多，肩頭的擔子還是一樣重？該做的事情太多，無奈時間總是太少？妳想知道擺脫這種狀態的方法對嗎？」

春香　「當然想知道。如果有這種方法，請老師教教我！」

黑野　「沒問題。但是天下可沒有白吃的午餐。」

春香　「不會吧。老師你還要向學生收費嗎？」

黑野　「妳誤會了。我的意思是，如果妳保證一定會照我教妳的去做，我就願意教妳。」

黑野站起身來，像是宣誓般的輕輕抬起右手。

黑野　「接下來請跟著我複誦：『我發誓我會如實實踐神時間力的教誨』。」

春香「神時間力……是什麼啊？聽起來有點詭異，但學會以後，真的會變得很會利用時間嗎？」

黑野「妳講話真不委婉。不過答案是當然會。」

春香「老師確實一直看起來很閒，但不論是工作還是私生活都過得很充實吧。而且這間研究室又培養出多位名人。就這點來看或許稱得上是神仙呢。」

黑野「居然說我看起來很閒，真是沒禮貌。以後要禁止妳踏進這間研究室了！」

春香「不能進研究室我就慘了。老師，對不起我剛才說錯話了。」

春香站起身來，和黑野一樣舉起右手。

春香「我青井春香發誓，會如實實踐神時間力的教誨。」

黑野一臉滿意的點點頭，想要以舉起的右手與春香碰拳。

春香「這是什麼儀式嗎？」

春香一邊笑一邊避開黑野的拳頭。

黑野「青井同學很調皮喔！」

春香「那以後就麻煩老師的指導與鞭策了。」

接著，春香一臉若無其事的坐回椅子。

黑野 「真是拿妳沒輒耶。接下來我會教妳什麼是神時間力，請做好心理準備。」

於是，黑野與春香的訓練就此展開。

閱讀本書的規矩

閱讀時間之神的教誨時，請在心中默念：「如果換成是我該如何實踐呢？」

有一點要注意的是，各位不必實踐本書所寫的全部內容。只要找到一個「這個好像做得到」的項目，就請闔上本書立刻實踐。

只要這麼做，你的時間用法就會出現驚人的變化。

重要的不是堅持讀完整本書，而是如何徹底改變時間用法。

因為只需一項來自時間之神的教誨，就能輕易實現目標。

1 人生就是時間的投資

春香「老師，那我該做什麼呢？」

春香一心以為黑野接下來就要讓自己擺脫忙碌不堪的生活，不禁喜上眉梢。

黑野「讓我先把話講清楚，能夠拯救青井同學的人不是我而是妳自己。如果沒有確實實踐，現狀就完全不會改變。」

春香「好啦，我知道了。那接下來我該做什麼呢？」

黑野露出「妳真的懂了嗎」的表情，把白板拿到春香面前。

黑野「廢話不多說，接下來是質詢時間！請回答第一題。」

黑野用著奇妙的語調說著，在白板上分別寫下「A」與「B」兩個大大的英文字母。

黑野　「一個很單純的問題。假設妳手邊有一筆十萬元的資金能用來投資。

・若選擇投資標的A，一年後可以拿回二十萬元

・若選擇投資標的B，一年後拿回的錢還是十萬元。

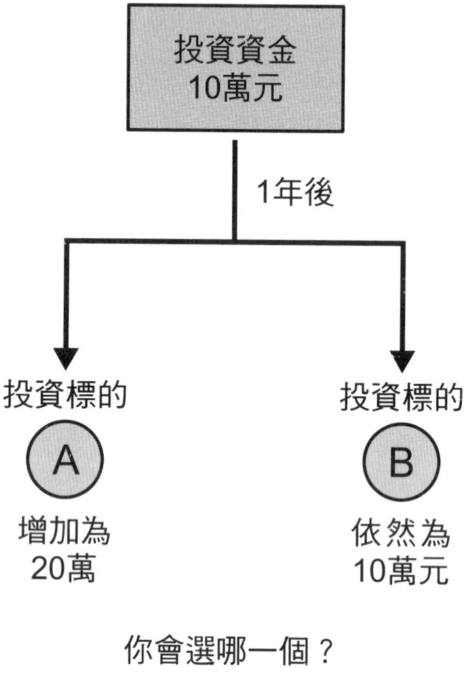

青井同學，這筆十萬元妳會投資在哪一邊呢？」

春香 「這是什麼陷阱題嗎？正常人都會選A吧。」

黑野 「妳說的沒錯。那為什麼選A呢？」

春香 「因為選A會拿回更多錢啊。若是選B，連一塊也沒增加，這樣不就失去投資的意義了嗎？這道題目是不是太簡單了？」

黑野 「哦！請不要忘記妳說的這句話。」

春香 「老師，你是在耍我嗎？這個問題不論問誰，每個人的答案都是A。」

黑野 「那如果在這種情況下呢？」

黑野在白板上寫下二十四這個數字。

黑野 「如果把這個投資換成**青井同學整整二十四個小時的『時間的投資』**呢？」

春香 「老師，我想先知道『時間的投資』是什麼啊？」

黑野 「我們每個人的一天都有二十四個小時吧。青井同學妳會把這二十四個小時用來做什麼呢？換句話說，就是『投資在哪個方面？』說得更具體一點，就是妳想要透過時間的投資得到什麼樣的結果？就像剛才的選項A一樣。」

春香 「原來是這個意思。簡單來說，就是**『把時間視同於投資資金』**的概念吧。說到『投資』會讓人覺得有點抽象，但如果改成把時間用在哪裡，又能藉此獲得什麼就懂了！」

黑野　「妳說的沒錯。」

春香　「就我個人而言，花我最多時間的是『工作』。我從來沒想過『把時間花在哪裡』是一種投資。每天光是想辦法完成非做不可的事就忙不過來了……」

黑野　「過去的事就算了。我們在討論的是從今天起改變想法也來得及。」

春香　「不過，光是開始思考『要把有限的二十四個小時投資在哪裡』，感覺就好像變得有點不一樣了。」

黑野　「這是好事。妳覺得哪裡變得不一樣了呢？」

春香　「就像選擇要把十萬元投資在A或B一樣，我不想把時間投資在無謂的事情上，而且也會覺得既然是投資，當然要有獲利。」

黑野　「青井同學，以第一天來說，妳的表現可以得到滿分！」

春香　「不會吧？只要這樣就夠了嗎？」

黑野　「是啊。首先要建立這樣的觀念：我們每天都握有二十四個小時的投資資金，過得好壞與否取決於投資標的。只要抱著這種感覺過日子就可以了。下星期妳再告訴我用這種感覺過日子後，心境上有沒有什麼改變。」

春香「我知道了！老師今天教的內容很簡單，所以我要馬上試試看！」

黑野「那就下星期見了。」

● 時間之神的教誨

・我們每天都投入二十四個小時做投資。

2

「聰明人」的時間用法

春香　「老師我來報到了！」

隔週，春香又到黑野的研究室報到。

黑野　「妳難道不知道進來前要先敲門嗎？」

春香　「老師今天怎麼了？我來研究室那麼多次了，哪一次有先敲門啊。」

黑野正把紅茶從茶壺注入茶杯，聽著春香臉不紅氣不喘的說詞不禁感到好笑。

黑野　「那妳這一星期過得怎麼樣呢？趕快發表妳的心得吧。」

黑野催促著春香在她的「老位子」坐下，還替她送上了香氣四溢的大吉嶺茶。

春香　「我現在只要想到『花時間就是投資』，就會覺得把時間花在沒意義的事情上很浪費。」

黑野　「這是好事。那什麼樣的事會被妳歸為『沒有意義的投資呢』？」

春香　「例如冗長的會議，還有被迫聽前輩提起當年勇的那些時間。還有明明很晚了，還是一直滑手機的時間。」

黑野　「妳覺醒不少呢。真是太好了。」

春香　「不過呢，老師……」

春香露出要講正經事的表情。

春香　「雖然我也不想再把時間投資在這些無謂的事情上，但是我遇到一個問題。」

黑野　「什麼樣的問題？」

春香　「**我不知道該把時間投資在哪裡才好**。」

春香不知為何一臉坦蕩，宛如有了重大發現的學者。

黑野　「居然講得一臉洋洋得意呢。我都快對妳肅然起敬了。」

春香　「我真的不知道該把時間投資在什麼地方！」

春香一臉燦笑，理直氣壯地為自己辯駁。

黑野　「青井同學的個性真的為妳自己大大加分呢。那麼我今天就來解答妳的疑惑吧。不過，妳能感受到『不想再把時間投資在這些無謂的事情上』真的很棒呢。」

懂得如何讚美人也是黑野的強項。

春香　「太棒了！我就知道一定是這樣！那就麻煩老師了。」

黑野　「沒問題。那我們就開始吧。」

黑野似乎也樂在其中。

黑野　「首先，一樣是質詢時間，請回答我的問題。」

春香　「老師，我上次就想問了，為什麼要有質詢時間？」

黑野　「這是儀式。」

對黑野而言這似乎是不能省略的環節。

黑野　「假設青井同學要為父親選購生日禮物，而妳父親想要的是高爾夫球衣。我想青井同學應該會投其所好，買下父親喜歡的東西當作禮物。那麼青井同學，妳會把自己的錢，投資在購買什麼樣的禮物呢？」

春香　「我會把錢拿去買高爾夫球衣，也就是把錢投資在球衣上！」

黑野　「答對了！」

春香　「YA～真的嗎？」

黑野　「只要妳答完下一題就會明白。為什麼妳會把錢投資在購買高爾夫球衣呢？」

春香　「老師，你不是都會先說『質詢時間』嗎？」

黑野「啊！質詢時間！請作答。」
春香「買高爾夫球衣的原因是爸爸說他想要。他收到這分禮物一定會很開心。」
黑野「妳說的一點也沒錯！這就是一切。」

黑野一臉滿意的在白板上畫起圖來。

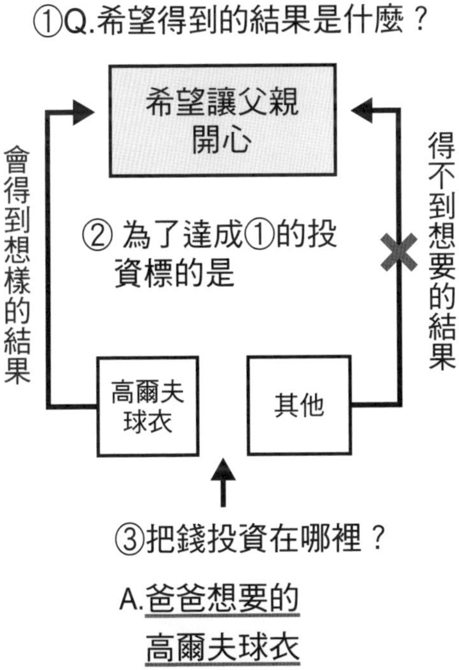
①Q.希望得到的結果是什麼？
希望讓父親開心
② 為了達成①的投資標的是
會得到想樣的結果
得不到想要的結果
高爾夫球衣
其他
③把錢投資在哪裡？
A.爸爸想要的高爾夫球衣

黑野　「為了決定投資標的，正確作法就是從『想要的結果』倒推回去。青井同學想要的結果是『讓父親開心』。高爾夫球衣就是能夠投其所好的禮物。所以妳把辛苦賺來的錢投資在球衣。換言之，只要清楚自己想要的結果是什麼，接下來只要從結果倒推回去，馬上就會知道『我應該選擇的投資標的』。不論投資時間還是投資金錢，方法都一樣，只要先決定想要得到的結果，就解決了『該把時間投資在哪裡』的問題。」

黑野指著圖表繼續說。

黑野　「如果想增加英文的口說能力，就把時間投資在英文課；如果想提升工作能力，就把時間投資在學習；如果想珍惜與孩子相處的時光，那就把時間投資在與孩子共處上。這是非常簡單的道理吧？」

黑野豎起食指詢問春香。

春香　「老師說的很有道理。」

黑野　「那麼請記住這個前提然後回答我下一個問題。青井同學，妳覺得自己為什麼會有『不想把時間投資在無謂的事情上。可是又不知道該投資在哪裡好』的想法呢？」

春香　「我想是因為還沒有決定好想要的結果，才會不知道該把時間投資在哪裡。」

黑野　「沒錯。所以妳現在必須做的是，決定投資自己的時間後想得到的結果。就這麼簡單。」

春香「話是這麼說沒錯，但是……」

春香又像剛才一樣，露出故作正經的表情。

春香「我知道老師要我思考自己想得到的結果是什麼，但我現在的情況是忙到連思考的時間都沒有。每天就是忙忙忙……」

春香的表情看似有些愧疚。

黑野「原來如此。青井同學忙於工作，沒有時間思考。那這樣好了。妳不必思考這個問題，但我今天要出作業給妳。」

黑野從辦公桌最下面的抽屜拿出自己的手機。

黑野「今天的作業是『決定下星期來這裡的時間』。」

春香「不會吧！又是這麼簡單的任務就可以了嗎？」

黑野「沒錯，只要完成這項作業就夠了。不過，妳起碼要留一個小時。」

春香「我知道了。可是，我不知道老師的時間方不方便。」

春香也打開自己手機的行事曆。

黑野「不必顧慮我。先告訴我妳方便的時間。」

春香「星期四晚上六點半可以嗎？」

黑野「我知道了。那就約這個時間吧！這個時段我剛好有空。」

春香「真的嗎？老師沒有勉強自己配合我吧？不對，你是不是在打什麼主意啊？」

黑野「我保證沒有。那我們就下週四晚上六點半再見了。」

春香「好的。謝謝老師。」

春香露出「這樣就可以了嗎」的表情，離開了黑野的研究室。

●時間之神的教誨

- 決定想獲得的結果。

只要決定好，時間的用法自然不明而喻。

3 「忙到沒時間做」只是一種錯覺

隔週的星期四，晚上六點半。

春香　「老師，我來了！」

當春香還是像平常一樣，沒有敲門就直接踏進了研究室，馬上聽到拉炮聲。

黑野　「青井同學，恭喜妳！」

不知為何，黑野一臉有喜事要慶祝的表情。

春香　「老師，為什麼有拉炮呢？今天不是我生日，也沒有發生什麼值得慶祝的事吧？」

黑野　「我當然知道。但是為了讓妳不忘記今天這個日子，才會特地慶祝。因為**人類的大腦比較容易記住興奮的事**。」

黑野又拉開另一個拉炮，接著拿出夏威夷花圈掛在春香的脖子上。

春香　「今天要慶祝什麼呢？」

春香收拾好從拉炮迸出的彩帶，在以往坐的椅子上坐了下來。

黑野「今天是青井同學的**時間存款紀念日**。」

春香「我的時間存款紀念日？」

黑野「青井同學，妳今天怎麼會來我的研究室呢？」

春香「我們不是約好今天要見面嗎？」

黑野「是啊。我們什麼時候約好今天要見面呢？」

春香「上星期。」

黑野「沒錯。上次妳來的時候，約好今天要來研究室的時間，然後妳也真的來了。妳今天順利使用了時間存款，所以我才會說今天是青井同學的時間存款紀念日。」

黑野拿出另一個藏在衣服暗袋的拉炮，拉開了今天的第三個拉炮。

春香「我還是不太懂耶……」

黑野「我都說明得這麼詳細了，妳居然還不懂！真不愧是現代人，太讓我驚訝了。」

黑野一臉無奈，並開始在白板上振筆疾書。

黑野「我先講結論。**使用時間和錢一樣，如果不想白白浪費，一定要事先做好確實的保證。**只要這麼想就會了解。

假設妳計畫從每個月的薪水撥出一萬元存起來。那麼妳覺得以下哪一個方法可以確保自己一定存得到錢？

①在發薪日當天，立刻把一萬元轉到另一個戶頭。

②到了月底再把剩餘的錢存起來。」

春香 「答案是①吧。先把要存的錢轉到其他帳戶。」

黑野 「沒錯。那妳現在了解時間也要比照辦理了吧？決定如何運用時間，把時間投資在哪裡時，不是說我很忙，沒時間決定，而是要比照青井同學上星期的做法，先把時間預留下來。」

黑野指著白板。

黑野　「換句話說，上星期的青井同學就像這張圖表所示，在本週開始之前預留一定會使用的時間，就好比妳先把錢存起來。所以妳今天才能拿著這分存款，把時間投資在與我見面這件事。」

春香　「原來如此！所以才會稱為時間存款啊。」

看樣子春香終於理解了。

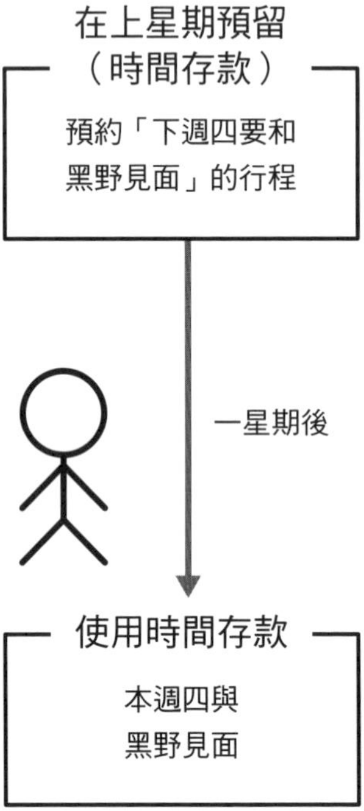

黑野 「沒錯。現在妳可以理解**『太忙沒時間』，其實只是沒有先把時間預留下來吧**。假設青井同學事先把今天預留下來，當作『思考想從投資時間得到什麼的時間』，不就能夠想出妳想要的結果嗎？」

春香 「話雖如此，但是，就算我想預留時間，有時也會發生真的抽不出時間的情況啊……」

春香看樣子還沒有完全心服口服。

黑野 「那只是表示『那件事情對現在的妳而言，還沒有重要到必須事先保留的程度』。原因很簡單。假設我對妳說：『只要妳下週四同一時間來我的研究室，我就給妳十億元。』我想妳一定會排除萬難，不惜取消原先很重要的約定也要趕到研究室吧。」

春香 「如果拿得到十億元，我一定放下一切，爬也要爬過來。」

春香邊笑邊說。

黑野 「真的是有錢能使鬼推磨啊。」

黑野也跟著笑了起來，但馬上恢復一臉正經。

黑野 「這就是運用時間上很重要的『設定優先順序』。等到時機成熟，我再為妳詳細說明。今天最大的重點是**『把時間比照金錢事先預留下來＝時間存款』**。」

黑野拿起茶杯啜飲了一口紅茶，接著好像想到什麼事而開口。

黑野「順帶一提，很多人都會訂下明確的期限，例如**『要在○月○日之前完成』，那樣不行喔。**」

春香「如果不訂個期限，不是很容易一直拖下去嗎？」

黑野「訂期限當然有效，心理學上把這種現象稱為『期限效應』，已經證實有效。只是還有更好的方法，而且青井同學也已經親身實踐。」

春香「該不會就是我上星期先把時間存起來，等到今天再用這一招吧？」

黑野「就是這個！」

黑野的雙手用力一拍。

黑野「**預留時間的重點不僅在於『什麼時候之前要完成』，決定『什麼時候做』也很重要。**因為這麼一來，就會自動產生時間存款，而且就像今天一樣，等到想起來已經完成了。」

黑野豎起食指，一臉得意地看著春香，接著開始畫圖。

黑野「妳覺得下列兩種做法的執行率哪一種比較高？一種是『決定下星期製作會議用的資料』，另一種是『決定下週四的下午兩點～四點製作會議用的資料』。」

春香「**如果事先決定好什麼時候做事，就能夠從容不迫的進行。如果只決定期限，大概會拖到最後一刻才拚命趕工。**如果運氣不好，說不定會超過期限……」

・如果只有期限

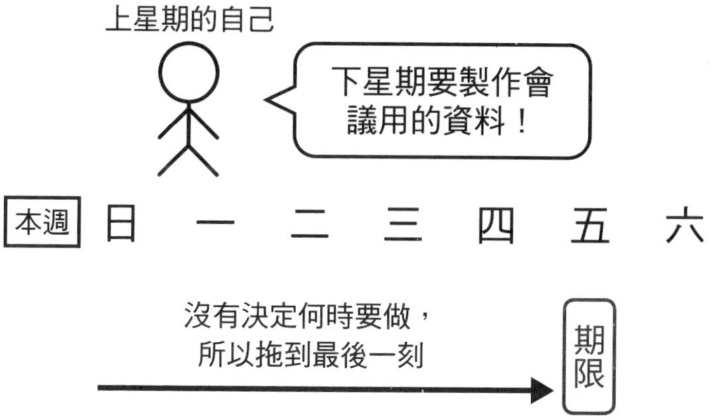
上星期的自己
下星期要製作會議用的資料！
本週 日 一 二 三 四 五 六
沒有決定何時要做，所以拖到最後一刻
期限

・如果是期限+何時進行（設定時間存款）

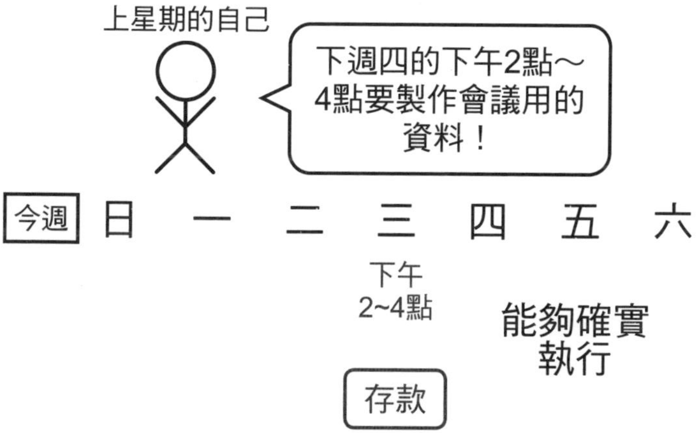
上星期的自己
下週四的下午2點～4點要製作會議用的資料！
今週 日 一 二 三 四 五 六
下午 2~4點
能夠確實執行
存款

黑野　「妳說的沒錯。而且這種情況還不僅限於工作。比方說妳打算去買給父親的禮物。比起只是計畫『我這個月要買禮物』，明確訂出『我五月十三日十二點要去買禮物』的執行率一定更好，也不會浪費時間。」

春香　「老師說的我都懂……。我今天有時間與老師見面，就是因為我上星期預留的時間存款吧。我覺得會那麼順利是因為這是和別人的約定，但如這件事只會影響到我自己，無法保證時間存款一定行得通耶。」

黑野　「原來如此。妳為什麼覺得一個人思考的時間不重要呢？」

春香抬頭看著天花板，像是陷入沉思。

春香　「這個嘛。我想是因為還有其他更想做的事。」

黑野　「那請妳告訴我，比起『**投入自己人生的時間來思考想要獲得什麼結果**』，還有更重要的事情是什麼呢？」

春香　「我想一下喔。有些是工作上的事。還有，因為我是一個人住，必須包辦所有家事。當然啦，我也想和朋友聚餐。」

黑野　「遇到這種情況時，要不要乾脆告訴自己『與其思考我想從人生的時間獲得什麼，工作和做家事對我現在更重要？』因為掌握事情的重要性，對預留時間會有幫助。」

兩人持續沉默了一陣子。

春香還在思考。

黑野　「不要想得太複雜。接下來的內容是順便複習。」

①我們每天都把二十四個小時拿去做投資。

②若不希望自己的時間投資是白忙一場，就必須深思熟慮，選定一個會開花結果的「投資標的」。

③如果沒有掌握自己想要的結果是什麼，就不會知道自己該把時間投資在哪裡。

黑野　「簡單來說，**只要沒有決定自己想要透過投資時間得到的結果是什麼，每天的二十四個小時就很容易挪用到『眼前非做不可的事』和『娛樂』。**」

春香　「真的是這樣耶。如果什麼都沒想，就很容易把時間花在聊八卦，或是不好意思推掉根本不想去的飯局。還有，正在看的網路漫畫明明不怎麼樣，我還是有一搭沒一搭的看下去……」

黑野　「這時，妳要提醒自己，千萬不可以忘記**『每天的二十四個小時都是餘生的時間』**。」

春香　「什麼餘生的時間，這講法太誇張了吧。」

黑野　「人類的生命終有走到盡頭的一天。所謂『**時間過去了**』，**等同於『餘生的時間減少了**』。」

春香　「不知道為什麼，聽老師這麼一說，我真不想把時間浪費在無謂的事情上。『忙到沒辦法預留時間』確實是藉口。我已經發現自己只顧眼前，從未認真思考要如何善用生命時光。真的很感謝老師為我詳細解說，還貼心的畫了圖表。」

黑野　「既然妳明白了，那還不趕快努力把時間存起來！青井同學，妳現在要預留的就是思考自己想透過投資時間獲得何種利益的時間。」

春香打開手機的行事曆，預留了**「思考自己想得到什麼樣的結果」**的時間。

● 時間之神的教誨

・一定要預留時間。
・每天的二十四個小時就是生命所剩的時間。

4 一瞬間解決將來的不安

謎之影「我看妳做得挺開心的嘛。」

謎之影算準時機，趁著四下無人，撥著自己最引以為傲的瀏海，神不知鬼不覺的現身在黑野的研究室。

黑野「是嗎？因為青井是個好女孩。個性坦率又誠實，值得我認真教她。」

謎之影「應該還有其他理由讓你對她另眼相看吧？」

黑野「連這點都逃不過你的法眼嗎？」

看到神情略顯焦急的黑野，謎之影露出了微笑。

謎之影「今天還不必提到那個部分吧。不過，現代人只顧眼前的程度真的太超過了。比起好好思考自己想利用生命的時間得到什麼，反而被困在眼前該做的事脫不了身。」

黑野　「畢竟隨著生活變得愈來愈方便，人們的選擇不但變多了，每天還要面對資訊轟炸。所以在獨立思考之前，得先被迫處理眼前的選項和資訊。而且只要沒有當機立斷，事情便不斷接踵而來……他們的情況我也不是不能理解啦……只是呢……」

黑野像是想看清遠方的景物而瞇起眼睛。

黑野　「**如果不停下腳步好好思索『我到底想透過時間得到什麼呢？』就注定走上永遠只顧著做好眼前事的人生之路。**如果沒有養成停下來思考的習慣，包含青井同學在內，應該有很多人會振振有詞的說不知道『自己的目標＝想要的結果』。」

謎之影　「雖然她嘴巴上說不知道，但還不是打算乖乖遵守約定，實踐你教給她的內容。可見她是個好孩子嘛。」

謎之影原本還想再說些什麼，但還是把話吞了回去。

黑野　「對了，我還有事要辦，先走一步了。」

黑野手拿著已經打開的黑色筆記本離開。

春香按照上次造訪研究室時預留的時間，找了間咖啡店，靜靜思考自己想得到什麼結果。

春香「嗯……雖然想了很久，還是沒辦法決定想要利用這些時間得到什麼樣的結果耶。感覺就算不決定也沒關係吧……」

黑野「不行。」

春香「哇！嚇死我了！老師你怎麼會在這裡？」

黑野「原因很簡單啊。我經過這附近的時候，覺得好像看到一個熟悉的面孔。仔細一看，這不是一臉嚴肅，陷入沉思的青井同學嗎。既然都看到妳了，怎麼能不來打聲招呼呢？」

黑野在春香對面的椅子坐了下來，向店員點了一杯紅茶。

黑野「那妳進行得怎麼樣了？……這個問題應該連問都不必問吧。」

春香「老師，果然還是得知道自己想要的結果對嗎？雖然我心裡很清楚，但只要沒找到一個『就是這個！』的目標，我就覺得還可以再找找……」

黑野「我認為是否有必要的決定權在於本人。**如果妳覺得每天都過得很不賴，也願意保持現狀，我想那就是妳想要的結果。簡單來說，隨遇而安過日子也是一種選項。**」

這時黑野點的紅茶剛好送上桌。他啜了一口茶，含在嘴裡。

黑野「我順便一起說好了。講到有沒有必要決定想要的結果這件事，我先問青井同學一個問題。妳是不是也曾有過突然對未來感到不安，懷疑『難道我就要這樣一輩子活下去了嗎？』」

春香　「有哇，我有這樣想過。但不是幾乎所有人都曾這麼想過嗎？」

黑野　「或許真是如此。不過，妳覺得有人能保證自己的將來百分之百很順利，或是能夠百分之百準確預測自己的未來嗎？」

春香　「怎麼可能……世界上沒有這種人吧。」

春香看起來好像完全不懂黑野為什麼會講這番話。

黑野　「青井同學，想知道為什麼會產生『難道我就要這樣一輩子活下去了嗎？』的想法嗎？」

春香　「當然想知道！」

黑野重新調整坐姿，正襟危坐，開始醞釀「要講重要大事」的氛圍。

黑野　「那請妳仔細聽好了。**『難道我就要這樣一輩子活下去了嗎？』是『沒有決定想從自己的人生得到什麼樣結果』的人會產生的念頭。**」

春香　「竟然有這種事！那我這樣是不是很糟糕啊？」

黑野　「和妳一樣的現代人很多啦，不必擔心。絕對不是只有妳一個人」。

春香聽了有如釋重負的感覺。

春香　「不過，為什麼『沒有決定想要的結果的人』容易產生這種感覺呢？」

黑野　「我打個比方好了。假設青井同學是一位馬拉松選手。妳覺得參加哪一場馬拉松比賽會讓妳跑起來更安心呢？

①終點在哪裡很明確的馬拉松比賽。

②不知道終點在哪裡的馬拉松比賽。」

春香　「當然是很清楚知道終點在哪裡的馬拉松比賽囉。」

黑野　「我想也是。那麼，為什麼有明確終點的比賽會讓妳放心呢？」

黑野這麼問是為了讓春香思考這個問題的用意。

春香　「不知道終點在哪裡的馬拉松比賽，乍看之下很有趣……」

春香把雙手交叉在胸前，開始思索。

春香　「要在不知道終點在哪裡的情況下跑這麼長的距離很難吧。就算一開始覺得有趣，中途也會覺得不安吧。只要想到『終點到底在哪裡？』『跑這條路對嗎？』心裡就會愈來愈不安，也愈來愈不想繼續跑，所以我會選擇知道終點在哪裡的馬拉松比賽！」

黑野微微一笑。

黑野　「這麼選很合理吧。妳剛才提到的『終點到底在哪裡？』『跑這條路對嗎？』其實和『難道我就要這樣一輩子活下去了嗎？』是同一件事吧。」

春香　「對耶！」

黑野　「很多人都沒有決定終點，就開始跑『人生這場馬拉松』。殊不知，沒有終點的馬拉松只是『漂泊』。或許自以為正在前進，其實並不是。

同樣的道理，『沒有終點的時間流逝也只是漂泊』。」

春香雖然用力點頭表示認同，但馬上把頭歪向一邊，彷彿陷入沉思。

春香　「如果把目標訂得很遠，不論怎麼跑也跑不到，那實在太辛苦了。要三十歲的我現在就訂下人生的終極目標，實在有點強人所難啊。」

黑野　「青井同學，我可沒有要妳一生只朝著一個目標跑到底喔。人的目標會變。就和高中時的目標是『進好大學』，但等到進了大學，目標就換成『找一分有興趣的工作』是同樣的道理。」

春香　「原來如此！說得也是。每個階段的目標都會改變。」

黑野　「經常改變目標是好事。因為每個階段想透過投資自己的時間得到的結果一定不一樣。」

春香　「聽老師這麼一說，我的腦海很快浮現出幾個目標呢。我想通過資格考，也想出國旅行，還想減重！」

黑野　「這樣很好。只要把目標想成**『透過投資時間想得到的結果』**是不是就很容易理解了呢。妳可以把『現在想放空』當作目標，也可以把目標改成『我現在要在工作上力求表現，成為王牌業務』。等到哪天妳結婚了，妳也可以把目標換成『每個星期日要保留給家人』之類的。」

春香　「『現在想放空』這個目標太棒啦！我本來以為要訂個很遠大的目標才行。」

黑野　**「想從投資時間得到的結果與大小沒有關係。重要的是得到自己想要的結果。**如果把生命所剩的時間拿去投資，最後卻得到自己不想要的結果，不是很可惜嗎。」

春香　「但是，如果想得到的結果都是一些微不足道的小事，像是『我要瘦兩公斤』『想要有時間去喝杯咖啡獨處』『開始上健身房』等等，感覺是不是有點難為情……」

黑野　「妳會這麼想很正常，但不能忘記更重要的事情是『要有目標』。而且**科學已經證實，只要擁有目標，人的幸福感就會提升。**」

春香　「只要有目標，對將來的不安就會減少幾分吧。」

春香的表情似乎變得稍微開朗一些。

黑野　「妳不用想得太困難。只要記住今天講過的『使用時間的三大原則』，好好運用人生剩餘的時間就好。」

三原則的第一項是『如果不決定目標（想要的結果），時間就會被挪用到眼前的事和緊急但沒那麼重要的事情』。

第二項是『目標可以隨時改變』。

一旦達成目標，若安於現狀，接下來等於過著沒有目標的日子而不自覺。這樣又會回到第一項原則，請務必提醒自己。

第三項原則，同時也是最重要的原則就是『隨時預留決定目標的時間』。」

春香「謝謝老師。我會依照這三個原則，重新思考到底想從投資人生的時間中獲得什麼！」

豁然開朗的春香如此回答。

黑野「這樣不行。」

春香「什麼？老師你說哪裡不行？」

黑野「為了知道自己想得到的結果是什麼，只是坐在椅子上思考無法得到答案。」

黑野拿起手機調查明天的天氣。

黑野「青井同學，妳明天不用上班吧？」

春香「是不用……但老師為什麼突然問？」

黑野「請妳明天去爬高尾山。」

春香　「在東京八王子的那座山？明天去爬？」

黑野　「沒錯。妳明天有事嗎？」

春香　「是沒有急事要辦，只是今天聽了老師的話，原本打算利用明天好好想想自己想要的結果是什麼。」

黑野　「很棒的計畫。可是在思考這個問題之前，請妳明天先爬了高尾山再說。對了，妳有爬過高尾山嗎？」

春香　「沒有……老師，一定要明天去嗎？」

黑野　「一定要明天去。更何況明天應該會是好天氣，再好不過了。等妳登頂後，請打電話給我。這件事與妳思考自己想要的結果息息相關，保證有益無害。」

說完以後，黑野便留下春香離開了咖啡店。

春香　「老師真是的……突然現身也就算了，居然還叫我去爬高尾山。」

想當然耳，春香一臉無法釋懷的模樣。

春香　「如果明天去了一無所獲，老師我一定會狠狠罵你喔。」

儘管口中嘀咕不停，春香還是開始調查如何從家裡前往高尾山的方法。

● 時間之神的教誨

・對沒有目標的人生來說，時間的流逝不是前進而是漂泊。

5

想再多也不會知道自己的夢想和目標是什麼

隔天，黑野的手機響了。

黑野「嗨~青井同學，妳現在人在哪裡？」

春香「老師，如果天氣好，可以從高尾山的山頂看到富士山耶。我今天來了才知道。」

黑野「聽起來妳已經到山頂了。妳該不會是搭纜車上去的吧？」

春香「我可是靠自己的兩條腿，一步一腳印爬上去的。大概花了一個半小時，比我想像中快。只是我平常運動不足，所以打算搭纜車下山。」

春香的笑聲聽起來十分爽朗。看樣子雖然一開始聽到要爬山是心生排斥，登頂後卻體驗到出乎意料的舒爽感。

春香「老師為什麼要我來爬高尾山呢？我記得你昨天說過『只要爬了就會懂』。」

黑野「天啊，妳不會還沒發現吧？那可以先告訴我，妳今天從爬山得到的新發現，以及有哪些樂趣吧？」

春香「我想一下。第一，好天氣登山就是舒服。沒想到高尾山離我家蠻近的，而且也不用花太多時間就能登頂。我覺得好像釋放了一些工作壓力。」

黑野「那很不錯。還有嗎？」

春香「來爬山的人都很客氣，擦身而過時都會主動和我打招呼。還有天狗燒也好好吃！」

黑野「天狗燒？」

春香「天狗燒有點像鯛魚燒，裡面包的是黑豆餡，造型是天狗的臉很可愛。」

黑野「好像很好吃呢。那就麻煩妳帶幾個回來給我嘗鮮吧」。

春香「好啦。老師，你總不可能是為了伴手禮而差遣我去高尾山吧……？」

春香的語氣充滿懷疑。

黑野「哈哈哈，被妳發現了。好了，不開玩笑了。接下來我要問青井同學幾個問題。質詢時間！」

即使透過電話，黑野似乎還是很堅持這個儀式。

黑野　「假設妳今天沒去高尾山，而是坐在家中書桌前，思考『我到底想透過投資人生的時間得到什麼結果呢？』妳會想到『不如去爬爬山轉換心情！』的選項嗎？」

春香　「怎麼可能呢，因為我根本沒爬過山啊。」

黑野　「那以後每當妳覺得壓力很大，想要得到『轉換心情』『幫自己充充電』的結果，是不是就會加入爬山這個選項呢？」

春香　「應該會加進去！而且我想再吃一次天狗燒！」

黑野　「看來青井同學也是『民以食為天』的信徒呢。順便問一下，青井同學妳有浮潛過嗎？」

春香　「沒有。」

黑野　「有跳過佛朗明哥舞嗎？」

春香　「沒有。」

黑野　「有沒有請人來家裡打掃過？」

春香　「沒有。」

黑野　「妳有沒有和年收入十億的人吃過午餐？」

春香　「沒有。」

黑野　「妳有沒有試過一天只工作兩個小時，過著自給自足的生活？」

春香　「沒有。」

黑野　「妳曾經在國外生活過嗎？」

春香　「沒有……老師，請問你還要問幾題呢？」

春香忍不住笑了出來。

黑野　「我想說的是，**『如果坐在書桌前怎麼想也得不到答案，不知道自己的目標和想得到的結果，那就代表它不在自己目前所知的範圍之內』**。」

春香　「不在自己目前所知的範圍之內……」

黑野　「沒錯。**如果不在範圍內，唯一的方法就是去尋找、去體驗。**與其把時間花在坐在桌前煩惱『我真正想做的事情是什麼？』，不如盡量外出，解鎖未知的體驗。

因為我相信青井同學一定能夠從中找到感動自己的事物。只要投資自己的時間尋找，一定會得到『我找到了』的結果。」

黑野以諄諄教誨般的口吻繼續說明「我要妳去爬高尾山」的理由。

春香　「原來是這樣啊！爬山帶來的愉悅感，確實得親身體會才能明白，絕非坐在家中的書桌前就能想到的。」

但是，春香的聲音卻稍微起了變化。

春香　「效果還是因人而異吧。我偶爾才爬一次山，給我留下的是很好的印象，但也有人對爬山無感吧？」

黑野　「那是當然。有些人一下子就找到了，但也有人找了很久還是沒找到。

但是，**既然想得到的結果是『找到自己想做的事』，其實方法非常簡單。**只要一直投入時間，直到找到為止就對了。」

春香　「但是，如果特地出門，花了大把時間尋找還是找不到自己想做的事或想要的結果，應該會覺得很悶吧。」

黑野　「這個意見很不錯。說真的，如果有人花了十年還找不到自己想做的事，一定會覺得滿腹辛酸吧。」

春香　「如果花了十年還找不到，應該會想放棄吧。」

黑野　「如果真的遇到這種情況，我想起碼可以確定兩件事。

即使投入了時間還是沒找到自己想做的事和想得到的結果，只要告訴自己『毫無所獲』就是現在想得到的結果，就不容易產生『我還要繼續這樣下去嗎？』的不安。」

春香　「這樣啊。如果找到自己想做的事，等於已經鎖定目標，接著只要朝目標前進就對了。畢竟我們參加的是有終點的馬拉松比賽。」

黑野「沒錯。第二，有些人花了十年也沒找到，另一個原因是單純沒有用對方法。」

春香「老師的意思是就像即使花了再多的時間，如果不具慧眼，錯過了合適的投資標的而不自知，自然就得不到結果了是嗎？」

黑野「沒錯。我看妳已經開竅了呢！至於『尋找方法』，我下次再好好教妳。」

春香活力十足的回答道「我知道了」，然後結束了通話。

黑野「青井同學果然說到做到，真的去了高尾山。那就按照這個節奏繼續訓練吧。畢竟時間有限呢。」

> **●時間之神的教誨**
>
> ・進行未知的體驗吧，愈多愈好。不要只是坐在書桌前思考。

6

這是盲點！「決定優先順序的最簡單方法」

距離春香的高尾山之行已經過了一個月。

黑野用ＬＩＮＥ向春香傳送訊息：「我大概要出差一個月。請妳利用這段時間好好嘗試各種未知的新體驗。例如和沒見過面的人見面、接觸以前不知道的工作方式等，這些都是新的體驗。」

春香在這段時間造訪了從未去過的名勝古蹟，也去聽了以往從未參加的演講和研討會。不僅如此，她也嘗試了一些以前沒吃過的異國料理、挑戰從未接觸的線上遊戲，甚至也體驗了瑜珈。除此之外，她也以試用價利用了到府清潔服務，以及陸續約了之前忙到快要失聯的朋友、前輩、其他業界的熟人吃飯喝咖啡，完全遵照黑野的教導按表操課。

春香「老師真的很過分耶。只用ＬＩＮＥ通知我『後面的內容下次再教妳』，居然就跑去出差。我今天一定要讓他幫我把一個月分的課都補回來。」

春香發出這樣的豪語後，朝著黑野的研究室走去。

春香「嗯？研究大樓的前面居然停了一台這麼氣派的黑頭車。」

春香原本打算按照慣例，不敲門直接走進去，但是顧忌剛才看到的黑頭車，所以很難得的猶豫著是否要先敲門。不過她最後還是依照平日的作風，沒敲門就直接走進研究室。

春香「老師，你這一個月到底跑哪去了！」

春香用比平常大的聲音邊講邊走進研究室，發現裡面已經坐著一位約四十五歲左右的男性。對方身穿一身筆挺的深藍色商務西裝，搭配紅色領帶，頂著一頭梳理得一絲不苟的旁分短髮。

措手不及的春香連忙向那位男性點頭致意，並用「我是不是來得不是時候？」的表情看向黑野。

黑野「妳怎麼啦？還不趕快過來。」

春香「可是老師您不是有訪客嗎？」

黑野「不用擔心。因為我已經說過青井同學會來，而且他可是青井同學的學長呢。換句話說，他也是我這個研究室的畢業生。」

聽到對方是同一個研究室的學長後，春香稍微放下了戒心，再次望向對方。對方的臉讓她覺得似曾相似。

黑野「青井同學，這位是赤坂順一。」

赤坂「青井同學，妳好。我是赤坂。我從老師那裡聽說有妳這麼一位非常有活力的學妹。」

赤坂的舉止文雅有禮，一臉和氣。

春香「您好，我是青井春香，請多多指教。」

黑野「今天赤坂同學剛好來找我，所以我特別請他為了妳留下來呢。」

春香「為什麼呢？」

春香像是擔心誤入什麼陷阱，用狐疑的眼光看著兩人。

黑野「妳不必擔心。青井同學今天來，一定又是向我討救兵，說什麼『老師你叫我利用這一個月進行各種新體驗，所以五湖四海的人我都見了，能體驗的新鮮事物也都體驗了。沒想到這樣也會留下後遺症，變成想做的事情太多，不知道該怎麼選擇啦』，有沒有被我說中？」

春香「老師拜託你別學我講話，因為你學得一點也不像！但是，我的情況被老師說中了。我現在變成不知該如何選擇。」

黑野　「看吧！我就說吧。」

黑野露出「我早就知道」的表情，像平常一樣拿起茶杯，喝了一口紅茶。

黑野　「那妳想做的事情有哪些？趕快說來聽聽吧！」

春香　「除了繼續向老師學習，我也想好好學英文，還有找時間泡溫泉和旅行。當然也不能忘記瘦身……對了，我也想嘗試編輯影片當作副業。還沒完喔，我現在對瑜珈和冥想也產生興趣，而且還想再去爬山。還有啊，房間很亂也該好好整理了……。不過，現在最重要的還是先搶到演唱會的門票再說。」

春香露出一臉幸福的表情。

黑野　「這些就非常足夠了。」

聽到春香列出的清單，連黑野也有點招架不住。

赤坂　「青井小姐，在妳來之前，老師已經未卜先知，他說青井小姐現在一定處於『想做的事、非做不可的事太多，不知道該把時間投資在哪裡』的情況，所以請我留下來，要我以過來人的身分，和妳聊聊我當初遇到這種情況時，如何調整自己想法的過程。

其實我和青井小姐一樣，也曾向老師學習如何使用時間，已經跟著老師學習許久了。」

黑野　「是啊。赤坂已經闖盪出一番成績，他現在可是東京四菱銀行的總裁呢。」

春香終於想起來了。想起上星期曾經看到東京四菱銀行誕生了創業以來最年輕總裁的新聞。

春香連忙挺直背脊，正襟危坐。

黑野　「青井同學，妳怎麼啦？怎麼突然變得畢恭畢敬？」

春香　「這是當然的啊。為什麼這麼優秀的大人物會出現在老師的研究室呢？」

黑野　「妳還真是沒禮貌。他可是我這個研究室的畢業生，哪有不優秀的道理。

話說回來，妳現在不是很煩惱因為想做的事情太多，不知該把時間投資在哪裡嗎？」

春香　「沒錯。說得更準確一點，**不光是想做的事，工作和生活中的待辦事項也排得落落長，搞到我不知道該怎麼排優先順序了。**」

赤坂　「真的像是看到從前的我呢。」

赤坂露出微笑。

黑野　「赤坂同學以前也是這個樣子呢。那麼，請過來人分享自己的經驗吧。我想由你來講，青井同學會更容易了解。」

赤坂　「我明白了。我接下來要講的都來自老師的傳授。」

赤坂站起身，在白板上寫下幾個斗大的字。

你現在把目標放在哪裡？

赤坂　「如果不知道該怎麼決定優先順序時，就默念這句話。這是老師教我的。」

赤坂看著黑野，再轉向春香。

赤坂　「青井小姐，請問妳現在抱持著什麼樣的目標呢？」

春香　「我想一下喔。應該是每天都過得很充實吧……」

不知道是不是對方冷不防地提問，春香剛才的氣勢立刻消風，回答得很沒有自信。

赤坂　「如果青井小姐想得到的結果是『充實的生活』，那只要從想做的事、非做不可的事的清單中選出可以達到這個目的的項目不就好了嗎？」

春香　「話是這麼說沒錯，但我覺得不論我選擇做什麼，都會讓生活變得很充實。到頭來還是陷入選擇困難。」

春香一臉愧疚的窺探著赤坂的眼睛。

赤坂　「原來如此。那也無妨。遇到這種時候，有兩個方法可以解決這個問題。」

赤坂以一個溫暖的笑容回應一臉歉意的春香。

赤坂　「第一招就是為想做的事打心動分數。這種方式稱為『Advantages of Scale』，也就是經濟效益。簡單來說，以十分為滿分，替情感的強度評分。只要利用這個評價方法，妳就可以為自己想做的事打分數，接著再按照分數高低排出優先順序。最後再依照這個排名投資時間就好了。」

春香　「替情感打分數？」

春香對於這個第一次聽到的概念似乎有些困惑。

赤坂　「是的。第一次聽到的人應該很難理解。那我們先一起做個簡單的示範好了。」

赤坂拿起白板筆。

赤坂　「那就開始囉。青井小姐，聽說妳最近爬了高尾山。以十分為滿分，請問妳會給想再去爬山的念頭打幾分呢？」

春香　「我想一下……」

赤坂　「憑直覺打分數就好了。不論妳打幾分都沒有對錯之分。」

或許是赤坂的聲音讓她感到安心，春香的表情變得柔和一些。

春香　「我打七分！」

赤坂在白板上寫下「爬山　七分」。接著，他請春香列出自己現在想做、必須去做的事情。最後他把整理好的結果寫在白板上。

追星聽演唱會　8分

爬山　7分

瘦身　5分

準備為了升遷的資格考　4分

整理房間　3分

看到白板的內容後，春香舉手發問。

春香　「我有問題。我給追星聽演唱會打了八分，準備資格考試四分。雖然這是內心真正的想法，但下個月就要考試了，難道可以不以準備考試為優先，真的按照分數高低先去聽演唱會嗎？」

赤坂　「這種時候的基本原則是只要考慮『我現在的目標是什麼？』就好了。」

赤坂重新在白板上畫了更詳細的圖。

赤坂　「如這張圖所示，如果妳現在想做的每一件事都會得到想要的結果，那就替每個選項的心動程度打分數。這個方法非常有效。最後只要選擇分數最高的項目就好了。」

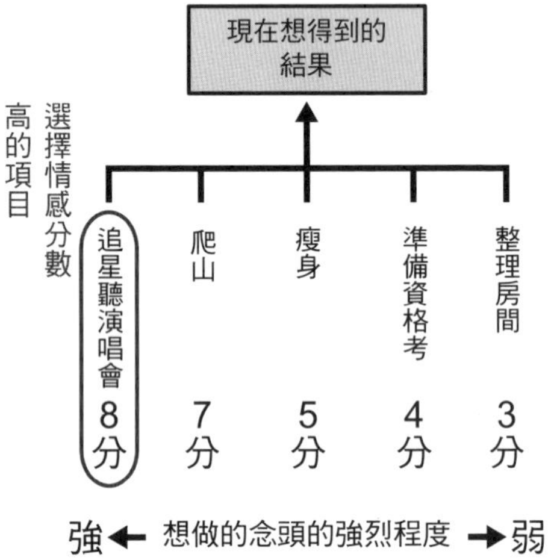

春香　「好的。到這裡我都跟得上。」

於是，赤坂接著畫第二個圖表

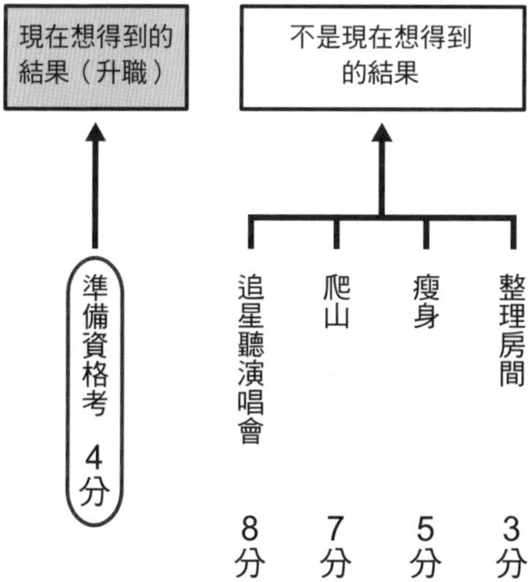

赤坂　「當然，妳想做的事有可能不會實現『現在想要的結果』。

就像剛才青井小姐說的，現在最想做的其實是去聽演唱會，但眼前更急迫的是準備考試。

遇到這種情況時，請捫心自問『我現在把目標放在哪裡？』如果想得到的結果是升遷，那妳就

不能選擇無法達到這個結果的選項。我想從圖表也看得出來吧。」

　赤坂手指著白板的圖表。

赤坂　「如果妳現在最想得到的結果是『排除萬難參加偶像告別歌壇的演唱會！』那妳的最優先選

項就會從準備考試變成聽演唱會。總之，**妳的選項會依照『現在想得到的結果』而改變**。」

春香　「原來如此。即使心動分數高，還是有必要確認它是否能達成想要的結果。如果沒先確認，

那麼投入的時間最後可能換來一場空……」

赤坂　「沒錯。要不要選擇能夠讓自己如願以償的選項是個人的自由，一個人要如何運用時間也是

他的自由，但是呢……」

　赤坂沒有把話說完，而是繼續在白板上振筆疾書。

可以投資的時間 ＝ 餘生的時間

赤坂　「我們一天能夠投資的時間是二十四小時，**也無從得知自己何時會走到生命的終點。**基於這點，的確很符合老師告訴我們的『餘生的時間』。

既是如此，**我覺得最好把時間投資在自己真正想得到的結果。**妳覺得如何呢？」

春香　「仔細想想，這場演唱會也不是什麼封麥演唱會。等我考完資格考，全國巡演也要開始了。所以，能夠讓我得到真正想要結果的選項是準備資格考。

我決定先考完資格考再去聽演唱會，當作給自己的獎勵！」

赤坂　「這是很明智的做法！**只要掌握時間的正確用法，自然就會排優先順序了。**能夠讓妳明白這一點真是太好了。」

春香　「我才要向您道謝。老師為什麼覺得請赤坂先生對我說明比較好呢？」

黑野　「我之所以拜託赤坂同學，是因為我希望他對妳說明接下來的內容。」

黑野用眼神向赤坂示意。

得到黑野的授意後，赤坂擦掉白板上的圖表。

●時間之神的教誨

・記得從「現在把目標放在哪裡？」排定優先順序。

7 學校不會教的「人生方程式」

赤坂「因為青井小姐有確實實踐老師教的方法，我想妳很快就會遇到這個疑問。**目標只能有一個嗎？不能同時擁有兩個甚至三個嗎？**」

春香「哇！赤坂先生不愧是過來人。其實我早就有這個疑問了。請問您是會讀心術嗎？」

赤坂「是因為我也曾有過那樣的心情。為什麼青井小姐會產生這樣的疑問呢？」

春香「以我個人而言，如果被人問到『妳現在把目標放在哪裡？』我馬上會想到在工作上和私生活上都各有一個想要的結果。

舉例而言，我在工作上的目標是『簽到大單』，而在私生活方面的目標是『結婚』之類的。」

赤坂「我曾經和妳有過相同的想法。我也問了老師同樣的問題。」

赤坂的目光從春香移到黑野身上。

赤坂「針對『我可以同時擁有好幾個目標嗎？』這個問題，結論是**『目標只要一個就好』**。但如果要我給出答案，而且這也是老師給我的教誨，那就是『最多不要超過兩個』。」

聽了赤坂的回答，春香轉頭看向黑野。

春香「赤坂先生，可是老師之前教我的是『目標會經常改變』。這樣不等於擁有很多目標嗎？」

赤坂「正確說法是**『可以隨時改變目標無妨，但是同時間只要一個或兩個』**。

舉例而言，國中時期的目標是努力考進好高中。等上了高中，目標就改成被選入棒球隊，一路打進甲子園。不打棒球後，目標就改成考上好大學。就像這樣，即使目標一變再變，同時間都只有一個目標。」

春香「原來如此！如果一次擁有的目標只有一、兩個，就可以一直更換。到頭來，不就等於想要幾個都可以嗎。」

赤坂「正是如此。如果妳已經得到想要的結果，當然可以更換新的目標，從這個層面來看，確實是想要有幾個目標都沒問題。」

春香「為什麼同時間只能有一、兩個目標呢？」

春香又丟出另一個問題。赤坂依然很有耐心的繼續說明。

赤坂 「只要看了下面這個公式妳就會明白」。

赤坂在白板上寫下了一串謎樣算式。

【人生的公式】

可得到的結果（目標）＝投資的時間×行動等級

赤坂 「這就是『人生的公式』。從這個公式，**我們可以知道自己投資了多少時間，又可以得到多少結果。以及利用這些時間採取了什麼樣的行動**。以後一定會用到這個公式，所以請先記起來。」

春香 「投資時間我懂，可是『行動等級』又是什麼呢？」

赤坂 「**行動等級就是『生產性的高低程度』**。如果生產性高，行動等級也高，相反的，如果生產性低，行動等級也低。」

春香 「我可以理解成**『在得到相同結果的前提下，只要投資時間愈短，代表生產性愈高』**嗎？」

赤坂 「完全正確。舉個例子好了。假設妳想要的結果是完成三十公斤的推舉。

向專業教練學習，花了五個小時做到的人，與靠著自我摸索，花了十個小時做到的人，前者的生產性高於後者，對吧？

雙方生產性的差異取決於『行動的不同』。以這個例子來說應該是『運動的方式不同』，這就是**『行動等級的差異』**。」

接著，赤坂在白板上寫下兩個算式。

肌力訓練（30公斤的推舉）＝投資時間10小時×行動等級1

肌力訓練（30公斤的推舉）＝投資時間5小時×行動等級2

赤坂「一樣是肌力訓練，如果有教練指導，或是事先調查正確的訓練方法，就會完成高水準的行動，生產性也高。透過這個算式，應該可以了解，因為行動等級提升，所以事前接受指導的人和完全靠自己摸索的人相比，能夠在短時間得到同樣的結果。」

春香「確實，**明明結果一樣，但是因為行動等級不同，所以花的時間只有對方的一半。**」

赤坂「沒錯。當然，這只是為了方便了解的一個例子。

至於如何提升行動等級，這部分就請老師指導吧。」

赤坂看著黑野露出微笑。

赤坂「不過在進入這個部分之前，還是先回答妳剛才的疑問吧。」

春香 「是的，麻煩您了。」

赤坂 「妳要問的是為什麼目標只能有一個，或者最多不能超過兩個是嗎？只要看了這個公式就會很清楚了。」

赤坂在白板上追加了新算式。

【設定一個目標的A先生】

・提升多益成績　投資時間10小時　×　行動等級1　＝　10分（達成）

【同時設定三個目標的B小姐】

・提升多益成績　投資時間3小時　×　行動等級1　＝　3分（未達成）

・減重3公斤　投資時間3小時　×　行動等級1　＝　3分（未達成）

・參加婚友聯誼　投資時間4小時　×　行動等級1　＝　4分（未達成）

赤坂 「假設達到十分可以得到想要的結果。A先生和B小姐，兩位投入的時間都是一個月十小時。並假設他們的行動等級也一樣都是1。接著按照這個條件實踐一個月後，妳覺得會得到什麼樣的結果呢？」

春香看著算式，似乎已經明白如果同時間擁有三個以上的目標，會迎來何種結果。

赤坂 「A先生只設定一個目標，能夠在一件事情上投資十個小時。所以，A先生只花了一個月就拿到十分，得到他想要的結果。」

春香點點頭表示同意。

赤坂 「**從這個算式可以看出，同時間訂了三個目標的B小姐，不論是哪一個項目都沒辦法在一個月內拿到十分，當然也得不到想要的結果。**到這裡還跟得上嗎？」

春香 「沒問題。」

赤坂 「把時間分散在好幾個目標的B小姐，因為拿不到十分，於是打算繼續努力。最後終於如願以償是三個月後的事了。」

春香 「三個月後！可見得同時間擁有三個目標行不通！」

春香這下子完全心服口服。

透過數字佐證，春香似乎覺得更有說服力了。

春香 「所以老師才會請赤坂先生向我說明啊。」

黑野 「沒錯。妳還真機靈。請日本最具代表性的銀行總裁向妳解說算式，應該能讓妳聽懂吧？」

赤坂　「青井小姐，其實這個算式沒有反映出一個很重要的部分，不知道妳發現了嗎？」

春香　「什麼？哪個部分？」

赤坂　「**這個算式沒有反映出人心的起伏。**與其說是心，稱之為『情感』更為貼切吧。這點或許是思考如何運用時間時最重要的關鍵。」

赤坂指著條列在白板上的算式。

赤坂　「假設A先生一次只設定一個目標。那妳覺得A先生每到月底時的心情會是如何呢？」

春香　「A先生每個月都能做出點成績來，所以我覺得他應該會很有衝勁，而且會正面思考。」

赤坂　「相形之下，B小姐每次都訂下三個目標。妳覺得B小姐每到月底時又會是什麼心情呢？」

春香　「因為一次訂太多目標，導致投資時間過於分散，每個項目都只能獲得一點點進展。就算努力了三個月終於得到一個好結果，但之前的過程實在很煎熬。」

赤坂　「沒錯。簡單來說，最根本的問題是**『B小姐能夠連續努力三個月嗎？』**」

春香露出恍然大悟的表情。

春香　「確實！如果我是B小姐，減重減了一個月都完全沒瘦，一定也會心想『放棄好了』，然後開始破戒。如果中途受挫，三個月後也不可能拿到十分。」

赤坂　「對吧？相較之下，每個月都有所收穫的A先生心情會變好，做起事來也能更有幹勁。如果B小姐也鎖定單一目標，很快就達到瘦下三公斤的目標，她就會對自己有信心，那麼說不定會產生更大的動力去挑戰學習英文、尋找人生伴侶等目標。

所以，一次設定一個目標對時間的投資而言，是事半功倍的作法。基於這個理由，我和老師一致認為，一次設定一個目標就好，最多不要超過兩個。」

春香　「真的非常感謝您百忙之中撥出寶貴的時間替我說明。老實說，我一開這個也想做，那個也想挑戰。但還是一次專心做一件事，享受確實有進步的成就感比較好。」

赤坂　「能夠完全明瞭『為什麼一次最好設定一個目標就好』實在太好了。」

春香　「我真的非常感激您。順便想再請教一個問題，有關目標的數量，如果換作是團隊或公司，是不是又另當別論了呢？」

赤坂　「妳說的一點也沒錯。我剛才講的完全只針對個人。如果以團隊或公司為單位，投資時間一定會增加，所以即使同時訂下兩個目標，也可能得到想要的結果……再講下去就離題了！」

春香　「確實如您所說！今天占用您那麼多寶貴的時間，真的非常感謝。」

赤坂　「哪裡，我才是藉這個機會回到初心。老師有時會說出出乎意料的話，但他的教學內容絕對貨真價實。我也很期待看到青井小姐大放異彩的表現。」

赤坂向春香深深鞠躬後，坐上停在門口的黑頭車離開了。

●時間之神的教誨

・不要同時設定複數的目標。

建議一次一個，最多不要超過兩個。

8

增加時間的「神技・4階段」

在春香與赤坂見面的當天晚上，黑野叫住了不知從何處悄悄現身的謎之影。

謎之影　「我記得那個叫赤坂的，是你化身成人類的教授後，第一個教導的人類吧？」

黑野　「原來你都看到了呢。沒錯。赤坂是我收的第一個現代人學生。他後來變得很會利用時間，現在已經是最年輕的銀行總裁了。由此可見，我的教學品質果真是天下第一呢。」

謎之影　「話說回來，那個叫春香的女孩子表現如何？」

黑野　「感覺就差一步了。我覺得只要再過一段時間，別說運用時間的方法，連行動等級都會跟著提升呢。不過，她的想法有時候還過於單純。你看看這個。」

黑野秀出他與春香使用ＬＩＮＥ的對話紀錄。

黑野　能夠鎖定一個目標當然是好事，但妳也別忘了要增加投資時間喔。畢竟「想要的結果＝投資時間×行動等級」。

春香　還要增加投資的時間？老師，一天就二十四個小時，沒辦法再增加啦。

黑野　妳誤會我的意思了。我不是要妳「把一天的時間增加成二十五個小時」，而是「從二十四個小時盡量擠出更多可以投資的時間」。

春香　原來是這個意思。老師這麼說讓我覺得好像一分一秒都不能浪費，壓力好大。

黑野　「看樣子她根本還沒有完全了解。這也難怪，因為有些東西還沒教她呢。」

謎之影　「這個女孩子的個性很認真呢。現代人哪個不是手機幾乎從不離身，所以能夠投資的時間都用來滑手機了。手機以外的誘惑也不少，這樣一來可以投資的時間就更加寥寥無幾了。現代人和一萬年以前的人實在差太多囉。

當然啦，如果那些乍看之下是白白浪費掉的時間，其實有發揮轉換心情的效果，讓人覺得『我明天醒來又是一尾活龍！』那就代表這些時間都是為了得到想要的結果的必要投資。」

黑野　「確實是這樣沒錯。很多人都會喝著啤酒追劇，慰勞辛苦一天的自己。**如果這種『小確幸』的時間對隔天的時間投資和行動會發揮正面的影響力，那就不算白白浪費了。**」

黑野難得從研究室的冰箱裡拿出啤酒而不是紅茶，咕嘟咕嘟的喝了起來。

黑野　「當然，如果不懂得適可而止也是浪費時間……」

黑野稍微想了一下，打開LINE開始傳訊息給春香。

黑野　如果給自己一點時間充電，能夠幫助自己得到想要的結果，那就是必要的時間。但如果不懂得適可而止，就是浪費時間。

請列出覺得是浪費時間的事。或許會找到其實可以不做的事。

春香　我想一下喔。老師，你可以先舉個例子嗎？

黑野　「這孩子的優點是即知即行。所以才會要求我舉出具體的例子。」

黑野一臉愉快地繼續打字。

黑野　搭車時一直滑手機的時間。
到了就寢時間，還是忍不住刷社群的時間。
一支接著一支看短影音的時間。
只是等待的空檔時間。
明明已經託付給別人，卻還是自己去做的時間。
參加不必要聚會的時間。
參加不必要交際應酬的時間。
參加可以不去的會議的時間。
製作資料時過度講究而浪費的時間。

春香　「原來如此。可是像參加會議這部分，有時候是身不由己啊。」

黑野　「我舉的都是通例，可以自行判斷是否適用……。但是，如果只會說『我就是戒不掉這些很浪費時間的事』，那麼情況永遠不會改變。別忘了，人類的時間可是很有限的呢。」

謎之影 「人類真是不可思議的生物啊。明明是自己為了尋求解決問題的答案而主動拜託，結果教了又說時間不夠、現在能力還不足等等，只會拚命找藉口。最後等到臨終再來後悔『如果我當初有那麼做就好了』。當然，也不是每個人都這樣啦。」

黑野 「與其說膽量，我覺得現代人的韌性真的不夠。」

黑野回覆了ＬＩＮＥ的訊息。

黑野 當然，要一次做到全部是強人所難，先從妳做得到的開始。
如果妳想把原本白白浪費的時間轉變成有意義的時間，我推薦妳以下的方法。
步驟① 寫下有哪些對自己想得到的結果毫無助益、只是虛度的時間
步驟② 大約計算出步驟①的時間一天有多少
步驟③ 算出一星期與一個月累積的時間各是多少
步驟④ 思考如果省下這些時間可以用來做什麼

過了一會兒，春香回覆了。

春香　我馬上試試看。

步驟①　睡前還是一直滑手機的時間

步驟②　二十分鐘

步驟③　一個星期共一百四十分鐘（兩小時二十分）↓一個月約十小時

老師，我一個月竟然浪費了十個小時！

黑野　「妳看看。這孩子因為大受打擊，沒辦法進行到最後一步呢。」

黑野不小心把口中的啤酒吐出來。

謎之影　「時間就是這麼飄渺不定的存在啊。人類對時間運用的概念只有為了知道現在是什麼時候，殊不知時間是為了獲利的資本啊。人真的應該好好想想如何安排自己的時間，就像理財和記帳一樣。」

黑野　「真的。畢竟時間就是資產，雖然每個人一天擁有的都是二十四個小時，但得到的結果會依照運用的方式而截然不同。

談到錢，很多人都知道要用在刀口上，不要浪費，但是對時間的認知太過貧乏。嗯，我看今天先講到這裡吧。」

●時間之神的教誨

・時間就是資產。得到的結果因運用的方式而異。

9 從早忙到晚的「完美主義者」

一陣急促的跑步聲才在走廊上響起，接著研究室的門突然被打開了。

春香「老師！我竟然白白浪費了十個小時！嗯？你的研究室怎麼這麼亂啊？」

距離春香上次造訪黑野的研究室已過了兩個星期。雖然春香馬不停蹄的參加研習和出差，但似乎尚未從自己一個月竟然浪費了十個小時的衝擊恢復。

黑野「妳說一個月十小時。那一年就是一百二十個小時，等於是整整五天。想到妳居然花了五個整天漫無目的的滑手機，真讓我毛骨悚然。」

春香「老師別再挖苦我了。我自己也很錯愕啊。

但因為仔細算出自己到底浪費了多少時間，我已經戒掉睡前滑手機的壞習慣了。」

春香一臉自豪的對黑野娓娓道來。

春香　「每次當我又快要拿起手機出來滑，我就會提醒自己『一個月十個小時哦』，馬上見效！只要我覺得自己又在浪費時間，我就會喃喃自語『一個月下來會是○小時』，每次都很有效。」

黑野　「妳明明很清楚嘛。發現自己又想做浪費時間的事時，小聲提醒自己是很有效的方法。就像想戒菸的人，只要每次抽菸時都告訴自己『我有一天會得肺癌』是一樣的方法。即使無法完全戒除菸癮，起碼會少抽幾支。」

春香　「是啊。感覺對自己喊話，可以發揮踩剎車的作用，阻止自己浪費時間。」

黑野　「妳說的一點也沒錯。妳能夠主動想到『碎碎念戰術』，實在很不簡單呢。」

黑野面帶微笑，但研究室卻顯得有些反常，文件堆得到處都是，混亂到前所未見的程度。除了書桌，連沙發和桌子等處也散落著各種文件，而艱澀難懂的算式與計算結果，也仍留在白板上沒有擦掉。

春香　「老師，你的研究室為什麼會亂成這樣？簡直像有人闖空門呢。」

黑野　「有那麼誇張嗎？反正這又不會造成其他人的困擾，對我來說不是問題。」

春香　「老師有在寫論文嗎？」

黑野　「嗯，算是啦。但那又怎麼樣？我看青井同學好像也很忙碌吧。」

春香　「是啊。托老師的福，我開始意識到『自己隨時都在花時間投資』。至於『現在把目標放在哪裡？』這個問題，我現在的目標是好好準備一個半月後的簡報，拿下新的大訂單。不過呢……」

黑野　「不過什麼？」

春香　「**『非做不可的事』實在太多了**……。我負責的客戶不是只有這間要做簡報的公司，還得抽時間替新人進行教育訓練。更別提在公司裡有大大小小的會議要開，還有寫報告、製作資料、辦理申請手續等等。我該如何是好？」

黑野　「青井同學，我只能說妳來得真是時候。」

春香　「為什麼？」

黑野　「我的意思是妳來得正是時候，剛好看到亂糟糟的研究室。」

春香聽得一頭霧水，完全不知道黑野在說什麼。

黑野　「接下來到了質詢時間。」

這個已經是固定出現的環節了。

黑野　「妳覺得我的研究室為什麼會這麼亂？」

春香　「不就是因為老師現在很忙嗎？」

黑野　「唔、有點可惜。只能算答對一半，另外一半是其他理由。

順便問，妳知道為什麼人一忙房間就會亂嗎？」

春香「因為忙到沒有時間整理。」

黑野「不是。應該還有其他說法吧。請照我教妳的重新思考該怎麼說。」

春香「我現在只是不想把時間投資在整理房間嗎？」

黑野「太可惜了！不過，離正確答案只差一步了！除了不想把時間投資在整理房間，還有呢？」

春香「因為我更想把時間投資在其他事情上！」

黑野「正確答案！因為我把時間投資在現在最想得到的結果上，而不是投資在整理房間，所以房間才會這麼亂。」

黑野像平常一樣露出得意洋洋的表情，等待春香作何反應。

春香「喔，原來是這樣啊。」

黑野「妳的反應也太冷淡了吧。」

春香「老師說的理由我可以接受，但我還是不知道為什麼我來得正是時候。」

黑野「青井同學，如果妳現在為了該做的事情太多而傷腦筋，那麼我剛才說的話難道沒有給妳一點提示嗎？」

春香「既然老師這麼說……沒辦法耶，我還是完全不懂。」

黑野　「真拿妳沒辦法。那我就簡單說明一下吧。只要一個步驟，就能夠解除『事情太多，但時間太少的狀態』。」

黑野像是故弄玄虛般停頓了一下。

黑野　「答案就是**『判斷非做不可的事的底線』**。」

春香　「底線？」

黑野　「對，也就是判斷要不要壓線。我發現很多人都有想把**『非做不可的事』做到最好的傾向**。我要傳授妳一個絕招。」

黑野又再次停頓。

黑野　「**人不可能把每一件事都做到完美！**請現在就死了這條心吧。」

黑野推開散落的文件，向春香走來。

黑野　「聽好了。**即使花了很多時間把『必須做的事』做到最好，得到想要結果的機會也相當渺茫**。既然如此，還不如把時間省下來，做到不會出問題的程度就好。**再把這些省下來的時間全部投資在有助於得到想要的結果的事情上。**」

黑野環視了整個房間。

黑野　「就以要不要好好整理研究室這件事為例。我只要收拾到『可以讓人進出房間』的程度就好。所以我只要花一點點時間整理，接下來就集中火力，把時間投資到我想要得到結果的事情。」

黑野雖然仍保持紳士的風範，但臉上充滿洋洋得意的神情。

春香　「老師說的我不是不了解，而且老師即使很忙，也是全心全意的教導我，沒有對我『留一手』吧。所以，我如果沒有全力以赴，等於會給其他同事添麻煩。」

黑野　「青井同學的個性很真誠啊。雖然這也是妳的優點，但可以請先考慮一下**『管他的，反正先按照老師教的試試看』嗎？**」

黑野露出微笑。

黑野　「接下來，為了讓妳更了解『如何判斷不會造成問題的最低底線』，我們先來討論青井同學『非做不可的事』是什麼吧。

比方說以『簽到新的大訂單』這個結果來說好了。不管是否有達成此目標，非做不可的事到底是什麼呢？」

春香　「我剛才也有稍微提到，我負責了不少訂單金額不高的客戶、必須參加一些不是很重要的公司內部會議，還得為這類會議做資料、寫報告等等。」

黑野　「原來如此。那接著我們來想一下，有關這些『不得不處理的事』，起碼要做到不會出包的底線在哪裡。

舉例而言，

・每天都必須和交易金額不高的客戶聯絡↓聯絡的頻率最低可減少到什麼程度。

・若不參加重要的公司內部會議會出問題↓若是非重要會議，每三次藉故缺席一次是否無大礙。

・如果講究版面設計與標語，製作會議資料時會很費時↓不再講究細節，只要做到簡明扼要應該也不會有問題。

・獨自攬下所有的事務工作太過耗時↓不必親力親為，部分請別人代勞，再請對方吃飯表示謝意是否可行。」

春香瞭然於心似的點點頭。

黑野　「全部看完以後，**是不是覺得可以少花一點時間做『非做不可的事情』了呢？省下來的時間就可以通通投資在妳想要的結果上了。**

就結果而言，妳既可以得到想要的成果，同時在不出問題的情況下兼顧『非做不可的事情』，可說一舉兩得呢。」

春香　「嗯，我承認老師你說的很有道理啦，但還是無法改變這就是偷懶的事實啊。所以我沒辦法完全接受。」

黑野　「我也不是不知道青井同學的個性就是認真。」

黑野擦掉寫在白板上的艱澀算式與英文筆記，開始寫些什麼。

假設一個月有十個小時可以運用……

A先生　花三小時做投影片資料（以不會出錯的最低標準）

花七個小時準備為了升等的考試，順利合格

B小姐　花十小時做投影片資料（連字體大小和色彩都很用心）

黑野　「假設B小姐一個月花了十個小時製作投影片資料，連字體大小和色彩都很用心。相較之下，A先生只花了三個小時製作堪用的資料，把剩下的七個小時投資在準備為了升等的資格考，最後也順利通過考試。妳覺得A先生有偷懶嗎？」

春香　「當然不會。我只會覺得他很會運用時間。」

黑野　「沒錯。而且，妳認為只要盡力做好這些製作資料等『不得不處理的事』，在公司就會獲得肯定嗎？妳覺得A先生和B小姐這兩位在公司的風評是誰比較好？」

春香　「應該是通過資格考的A先生！」

黑野「答對了！公司內部會議的資料，只須整理得簡明扼要、清楚易讀就過關了。所以A先生的工作模式根本不會給任何人添麻煩。」

春香「**為了減少投入的時間，只要做到不會出問題的程度就好。這麼做才能增加投資在標的物的時間。**ＯＫ！我沒有問題了！」

春香終於露出信服的表情。

春香「原來如此。我終於可以理解為什麼研究室現在會這麼亂了。」

黑野「終於了解了嗎？」

春香「我理解了。不過，老師總有一天還是要好好整理研究室吧？畢竟如果放著不整理，只會愈堆愈亂，到了終於要整理的時候會非常辛苦吧？」

黑野「妳說的沒錯。之後我一定得抽出時間好好整理。但是，就算拖了一段時間，那時候我老早得到我想要的結果了。」

春香「這句話是什麼意思呢？」

黑野「這和考試快到了，妳為了多念點書，決定『先讀書，打掃房間的事之後再說』是同樣的道理。如果考試的成績有達到預期的目標，就算房間亂了點，我相信妳也會心甘情願的打掃吧。」

春香「嗯，原來如此！」

黑野　「不但得到想要的結果，最後也把房間打掃乾淨了，稱得上是很明智的時間投資吧。」

春香　「確實是如此。**為了利用有限的投資時間得到想要的結果，必須排出要把時間集中在哪裡的優先順序**。

想要面面俱到的人，往往落到兩頭空。這是赤坂先生教我的事。」

黑野　「赤坂同學教妳的，就是我傳授給他的。」

春香　「我當然知道。看樣子老師為了想得到的結果，也想集中火力投入自己的時間。那我就此告辭，回家想想要完成哪些非做不可的事的底線吧。」

黑野　「不會吧！妳可以先幫我整理研究室再走啊！」

春香　「可是老師不是已經設了只要人可以出入就好的底線嗎？如果過了那條線，是不是代表我可以占用老師更多的時間呢？」

黑野　「青井同學，妳要不要挪出一點時間投資在『為了報答恩師』呢？」

春香　「老師你又來了。真愛說笑。」

（話說回來，老師到底在忙些什麼，忙到連研究室都沒時間整理呢？）

春香雖然有點好奇老師到底在忙些什麼，不過最重要的是，她總算掌握了如何克服忙碌的每一天，不斷朝著自己想要的結果邁進的「時間的運用方法」。

●時間之神的教誨

・訂出「非做不可的事」的底線。

10 讓自己變得有行動力的「感情天秤」

一個半月之後，春香主動發了ＬＩＮＥ訊息給黑野。

春香 老師，多虧你的指導，我終於如願以償，簽下了大筆的新訂單！請讓我請你吃頓飯表示謝意。

黑野 我總算是沒白教妳。我就不和妳客氣，讓妳破費囉。

兩個星期後。兩人坐在銀座的某間中華餐廳。

春香 「為了紀念我得到想要的結果與感謝老師對我的指導，乾杯！」

黑野 「其實我覺得妳只要說今天是謝師宴就好了，不過還是要謝謝妳的招待。」

兩人相視而笑，乾杯。

黑野 「恭喜妳成功簽到大單。由此可見，妳用了自己的時間做了很好的投資，也確實得到想要的結果，實在太棒了！順便追蹤一下，妳最後一次來找我商量時說的『要做的事太多，但時間太少』的問題是怎麼解決的呢？」

春香 「我就按照老師給我的建議執行啊。」

黑野 「請不要省略過程，好好講清楚。我想確認青井同學的理解程度。」

春香 「老師妳這句話很失禮耶。我用的是老師告訴我的，也就是訂出底線的方法。」

春香稍微挺起胸膛，替自己增添氣勢。

春香 「首先進行步驟①，把工作和私生活中非做不可的事全部寫下來。接著在步驟②中，列出每一樣工作不至於出包的底線，包括品質、頻率、期限等等。」

黑野 「不錯。妳覺得這個階段有什麼重點嗎？」

春香 「真不愧是老師，感覺真是敏銳。」

春香模仿著黑野的語氣繼續說明。

春香 「這個時候的重點是在每一件工作下面各自填上底線。」

黑野 「原來如此。」

春香「以公司內部會議為例，如果是我自己部門的會議，只要每三次參加一次就好。若是和其他部門開會，就改成每兩次出席一次。」

春香的口吻好像完全化身為老師。

春香「還有一項很方便的做法是，如果不是很重要的會議，我就請對方讓我用線上會議的方式參加，只用耳朵聽，同時做其他的事。沒想到一心兩用的效果還挺不錯的呢。」

黑野「妳的點子真多。這的確不失為好方法。青井老師，謝謝您詳細的解說。」

春香「哪裡哪裡，小事一樁。」

春香拿起紹興酒喝了一口。

春香「老實說，自從老師提點我改變運用時間的方法，不論在工作上還是其他各方面，我都覺得自己比以前更會利用時間，也更懂得時間的運籌帷幄。有這樣的轉變連我自己都嚇一跳。」

黑野「妳的意思是？」

春香「我發現之所以想不出有效運用時間的方法，是因為一直以為必須獨自完美地完成一切。**『要把所有事情都做到完美，時間根本不夠，怎麼辦？』結果只是自己折磨自己而已。**」

黑野「青井同學，我覺得妳已經放下肩膀上的重擔了。」

黑野開始品嘗前菜拼盤。

春香　「是啊，老師教我的『找出那些非做不可的事，只要做到什麼程度就不會出問題的底線』，也可以應用在工作以外吧？」

黑野　「那當然。」

春香　「我現在是一個人住，所以也重新檢視了所有家事，只要做到什麼程度就不會出問題的底線在哪裡。」

黑野　「這個主意很棒呢。那妳找到什麼樣的底線呢？」

春香　「老師，您真是問對問題了！」

如願以償簽下大訂單的春香，今天特別多話。接著她難掩驕傲地開始說明。

春香　「我發現我本來都會把洗好的衣服摺得很整齊，現在覺得不摺也沒關係。

其次是我發現就算自己沒有每天煮飯也沒什麼問題，所以偶爾會買便當吃，或者只要價格不貴，我也會在外面吃。

還有做便當也是。我發現只用冷凍食品當作配菜也沒什麼問題。現在的冷凍食品品質都很好，味道也很棒。

房間也只要一個星期打掃一次就綽綽有餘了。

另外，我平常為了節省運費，都會在實體店鋪買菜和購買生活用品，而且一定多方比價，甚至會跑到很遠的店去買，哪怕只能多省一元也好。但我發現改成網購直接宅配到府會輕鬆許多。還有，不是很想參加的聚會也不必每次都去，差不多每三次露臉一次也可以。總之，我發現只要把底線放低到不會出問題的程度，就突然增加不少工作以外的時間。」

黑野看起來很高興的點點頭。

黑野　「妳的表現實在沒話說。竟然還能舉一反三到工作以外的事。如同妳所說，**很多人都陷入『不能隨便交差了事，一定要做到最好』的迷思**，所以一廂情願的投入大把時間在『非做不可的事』。這也是為什麼不懂得善用時間成為現代人的通病。」

春香　「可是……」

春香將杯子裡的紹興酒一飲而盡，認真地看著黑野。

春香　「降低底線之後，也稍微多了一點閒暇時間可以投資，所以我在考慮要去健身房，還是做醫美。雖然是有這個念頭啦，但還沒有付諸行動。」

黑野　「那妳把省下來的時間拿來做什麼呢？」

春香　「老師真的要聽嗎？我不是刷社群，就是看動漫畫，或者睡覺。時間不知不覺就過了。」

黑野　「怎麼會……。為什麼會變成這樣呢？現代人啊，真的是只要沒有人盯著，很快就忘記正確的時間用法。」

春香 「我也知道自己沒用！所以才約老師吃飯，希望趁這個機會請教老師。」

黑野嘆了一口氣。

黑野 「從什麼時候開始的呢？妳又開始虛度這些好不容易省下來的時間。」

春香 「從我簽下大訂單以後。因為之前太忙了。」

黑野 「妳覺得在簽下大訂單之前，會把空閒時間拿來做什麼呢？」

春香 「我想我會把時間投資在如何簽下大訂單吧。例如製作資料、進行調查。對了，保持健康狀態也很重要，所以我下班後也會去按摩。」

黑野 「差不多就是這些吧。」

黑野加點了紹興酒。

黑野 「妳在簽下大訂單之前，懂得把時間投資在想要的結果，但現在好不容易有時間了，妳的行動力又不知道跑哪裡去了。為什麼呢？」

春香 「我想是因為失去緊張感吧。做完新合約的簡報後就完全鬆懈下來……應該說我的幹勁暫時進入休眠模式。」

黑野 「這也是原因之一。但是，妳覺得簽下大訂單之後，與簽下之前有哪些地方改變了？」

聽到黑野的問題，春香拿著重新斟滿的紹興酒歪頭思考。

黑野「想不起來嗎？就是運用時間的本質。赤坂不是教過妳，要『排出時間投資的優先順序』？」

春香「也就是原本我有的，卻在簽下新訂單後消失的東西吧。答案就是我少了『現在把目標放在哪裡』。」

黑野「答對了。妳剛才講的，去健身房或做醫美都不是『現在把目標放在哪裡』的答案。雖然看起來像想要的結果，其實並不是。不過，假設預計半年後要披上婚紗，這倒是很適合設定成妳想要的結果呢，我說的很有道理吧？」

春香「我一定會先去健身房或做醫美，讓自己變得美！一定不惜投資很多時間，付諸行動。」

黑野「是吧。**妳之所以虛度時間，只是因為沒有決定想要的結果。**或者說雖然妳知道值得去做，但是缺乏幹勁。」

春香「原來是這樣啊。但是想要減重三公斤也可以當作想要的結果吧。不過，就算我真的把減下三公斤當作目標，我可能還是什麼也不做。這是為什麼呢？」

黑野「減重失敗的人很多。原因很簡單，都是因為『想要的結果』面對『誘惑』時，在**『情感的天秤』**上輸了。」

春香「情感的天秤？第一次聽到！」

黑野「那當然囉。因為之前從沒和妳提過。**人隨時會以情感的天秤判斷『這段時間我要用來做什麼』**。比方說妳剛才決定要減重三公斤，所以如果妳今天有空，照理說會去健身房運動吧。」

黑野從胸前的口袋抽出筆，在紙巾上畫了一個天秤，在天秤其中一邊的托盤上寫著「想去健身房運動」。

黑野「問題是，自己的時間有無數個投資標的。包括在家裡打混摸魚、和朋友吃飯、滑手機、看影片、打電動……。對現代人而言，如何度過一段時間的選項太多了。這時，**我們會不自覺地把其他選項放在天秤另一邊的托盤上，衡量情感更傾向在哪一邊，最後決定把時間投資在那一邊。**」

黑野在天秤的空托盤上寫下「想在家裡耍廢」。

黑野「請妳看這裡。一邊是去健身房運動，另一邊是在家耍廢。如果這兩種念頭的強烈程度以十分為滿分，請問妳給『想在家裡耍廢』打幾分呢？」

春香「嗯……七分吧。」

黑野「『想去健身房運動』呢？」

春香「大概五分吧。」

可能是因為心虛，感覺春香回答的聲音變小了。

黑野「這下子不是很清楚妳以哪邊為優先了嗎。」

黑野笑了笑，向春香展示畫好的天秤。

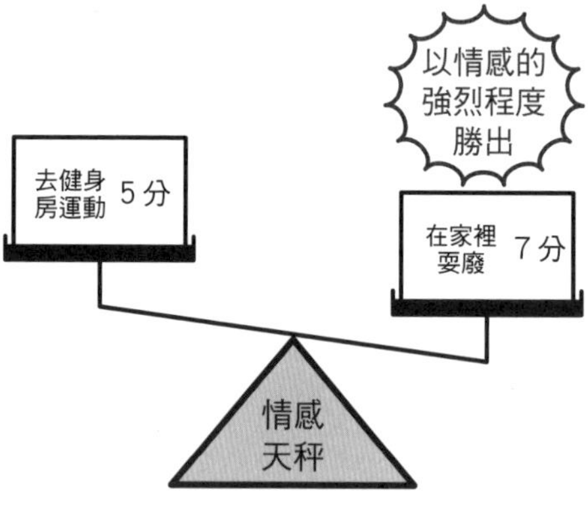

黑野「把自己決定想要的結果放在情感天秤秤重時，不能輕易向其他選項投降。」

春香　「『想去健身房運動』會輸給『想在家耍廢』好像很正常……」

黑野　「所以，如果發現自己有想做的事情時，最好先畫個情感天秤確認內心的想法。一邊放的是自己想做的事，另一邊放上想戒又戒不掉的事，然後分別替兩邊打分數。」

黑野推了推餐桌轉盤，舀了麻婆豆腐。

春香　「如果化成具體的分數，我的『想去健身房運動』只有五分，太低了。」

黑野　「是很低。不過，氣自己明知道要身體力行，卻還是僅止於紙上談兵的人多到數不清呢。我說的就是看著瘦身書，卻還是把洋芋片一片接一片塞到嘴巴的人。**這代表他的動機很微弱，低到無法讓他採取行動。**」

春香　「老師，我想不出有任何話能反駁您呢……」

黑野對垂頭喪氣的春香微微一笑。

黑野　「現在喪氣還太早呢。**如果自己想做的事不敵誘惑，那就想想要怎麼提高分數**。只要分數超過誘惑就會付諸行動了。」

高野拿起紹興酒為春香斟酒。

黑野　「只要想做事的念頭更為強烈，就能戰勝耍廢的誘惑，自然也不會發生『力不從心』的事。」

黑野指著情感天秤中放著「想去健身房運動」的托盤。

春香「可是，我要怎麼追加分數呢……？」

黑野「真拿妳沒辦法。聽清楚了。

我們只有在產生某個念頭，例如『我想瘦下來』，但又敵不過誘惑時，才須要追加情感的分數。換個說法就是強化念頭。那具體而言要怎麼追加呢？」

黑野輕輕地咳了一聲。

黑野「基本上有兩大訣竅。**其一，思考做了這件事對自己有何幫助**。

簽下大訂單的目標，就屬於這個類型吧。當青井同學訂下要在一個半月後拿到大訂單的目標，妳心裡有什麼想法呢？」

春香「我想想喔，因為那時候我很喜歡那間廠商，也和他們的聯絡窗口培養出不錯的交情，所以我想在工作上與他們有更多合作的機會，也希望他們覺得和我工作起來很愉快。」

黑野「所以呢？」

春香「當然啦，簽下大訂單對於累積我在公司的專業實力也非常重要，這也是督促我再努力一點的強烈動力。」

黑野「看吧。簽下大訂單的目標在妳心中的分量之重，不論放在情感天秤的另一端是什麼核彈級誘惑都比不過。而且，這個目標一定也讓妳想像過『做了這件事對自己有何幫助』吧？」

春香「是啊。我在不知不覺中也開始想像得到想要的結果後，未來會發生什麼變化。」

黑野「同樣的道理，如果成功瘦身，妳會想到什麼？」

春香「老師是說預測瘦下來以後可能會發生的事嗎？

不必擔心衣服顯胖，還有能安心穿緊身洋裝，大概就這些吧？」

黑野「除了妳說的這些，我想也會變得更有自信、被人稱讚看起來很年輕，說不定連異性緣也變好了。」

春香「真的，瘦下來的好處真多呢。」

黑野「像這樣，**只要把想到的理由一一追加到『情感的天秤』，全部加總的分數就能贏過誘惑，促使妳朝著目標努力邁進**。我建議妳先試試這個方法。」

黑野再度在紙巾上畫了起來。畫好後拿給春香看。

春香「原來如此……」

黑野「看妳好像不太能接受的樣子。」

黑野把飯後甜點的杏仁豆腐遞給了春香。

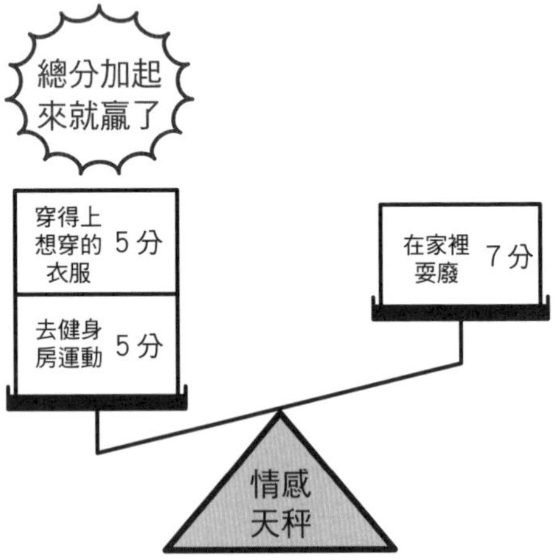

春香　「謝謝老師。把分數墊高的道理我懂，可是有時也會遇到難以想像會有什麼樣的好事發生，或者是想像後也沒有特別期待的情況。如果無法藉由想像得到激勵，那該怎麼辦呢？」

黑野　「遇到這種時候就使出第二招吧。也就是『**強迫心痛**』。」

春香　「什麼？心痛？」

黑野　「這個招數只是名字稍微誇張了點。舉例而言，有人在決定減重後會先買想穿的衣服。這種做法就是標準的強迫心痛。因為錢已經花下去了，最後如果減重失敗，等於錢白花了。簡單來說，就是營造一個沒有退路的狀況。」

春香　「可是這種作法還是有問題。若以我為例，如果是買便宜的衣服，那大概不會心痛。」

黑野　「從我今天教妳的內容，可以找到這個問題的答案喔。」

春香想了一會兒，露出「算了，說不定等下會想到」的表情並開始品嘗杏仁豆腐。

春香　「我知道了！即使追加理由還是贏不了誘惑的原因是，『先買便宜的衣服』這個理由太薄弱了！」

黑野　「答對了！『反正買的都是便宜貨，沒瘦下來就算了』『比起減重，我覺得吃蛋糕讓人更快樂』等等。簡單來說，只要放在情感天秤一秤，減重根本不是這些誘惑的對手。

唯一的辦法就是繼續增加理由，加到足以勝過誘惑的程度。」

黑野將杯裡剩餘的紹興酒一飲而盡。

黑野「簡單來說就是要放大招。例如『咬牙買下天價的洋裝』，或是向身邊的人宣布『我要減肥！』並訂出如果失敗就要接受處罰的罰則等等。」

春香「這就是老師剛才說的『強迫心痛』吧？」

黑野「是的。這個方法特別適合想要立刻付諸行動的時候。

還有其他方法，想像**『如果現在放棄想做的事，可能會出現的最壞結果是什麼』**，我相信應該會讓妳找到放在情感天秤的理由。」

春香「老師，我完全了解了。我以後無法按照原定計畫投資時間時，就會立刻提醒自己『現在把目標放在哪』『情感天秤是不是傾向了誘惑那一邊』。」

春香推動了餐桌轉盤，把普洱茶遞給黑野。

時間之神的教誨

・提不起勁付諸行動時，先畫出「情感的天秤」。

11

「嗜好與娛樂也可以成為人生目標」的理由

春香一邊替黑野的茶杯重新斟滿普洱茶，一邊發問。

春香　「老師，我突然想到一件事。如果想得到的結果全部和休閒娛樂有關怎麼辦？例如『我想去泡溫泉』『想要打電動打到膩』『參加演唱會替自家偶像應援』等等，這些是不是根本沒資格討論？因為這種純粹享樂的事，怎麼可能會拖拖拉拉。」

黑野　「青井同學覺得呢？」

春香　「我覺得啦，如果過於執著『時間就是投資』，進行休閒娛樂的時候會覺得很掃興。」

黑野啜了一口普洱茶。

黑野　「不論是去泡溫泉、打電動、追星，只要能夠感受到幸福，我覺得這就是很划算的時間投資。原因很簡單，因為妳在投資時間從事這些活動的時候，得到的結果就是『真開心』『好幸福』的情緒或回憶。」

春香「說的也是呢……」

春香正打算好好消化黑野說的這一番話，但她似乎又想到新的問題。

春香「假設有人想要的結果是『我想要打電動打到膩』，那他如果真的『整天打電動，不顧工作和家庭』，我實在很難想像這算是幸福人生……」

黑野哈哈大笑。

黑野「一定是那個人完全搞錯時間的正確用法。假設他所追求的結果是『盡可能有更多的時間打電動』。這時，我們可以依照人生的公式，說明他應該如何運用時間。」

春香「老師，你是說上次教過的『想要的結果　＝　投資的時間×行動等級』嗎？」

黑野「沒錯。以這個例子來說，

想要的結果　＝　確保增加打電動的時間

投資的時間　＝　為了確保打電動的時間，增加付諸行動的時間

行動等級　＝　確保打電動的時間增加的行動等級

把工作和家庭拋在一旁只顧打電動，投資時間為『0』行動等級也是『0』，所以『0×0＝0』。

為了打電動而翹班，遲早會被公司炒魷魚、失去經濟來源，最後還被家人拋棄，最後別說打電動了，連生活都成問題。」

春香　「原來如此。那如果希望投入更多的時間在自己的嗜好和娛樂，到底該怎麼做呢？」

黑野　「一樣按照人生公式思考就可以了。

想要的結果　＝　確保打電動的時間增加

投資時間　＝　為了確保有充足的時間打電動，同時須盡好自己在職場、家庭等各方面的職責與義務，以防造成各種問題產生所需的時間

說不定努力開發副業或兼職，使收入增加以縮短工作時間也可以納入這部分呢。

行動等級　＝　為了確保打電動的時間增加，必須要有與工作和私生活上多有交集的人進行交涉的能

力，或是了解自己想從事的副業

只要能將這幾個問題都想清楚就不會有問題了。而且應該也會有更多的時間能從事自己的娛樂和嗜好。」

春香 「我自從上次爬了高尾山就愛上爬山，這次我要花三天兩夜去爬富士山。如果爬富士山是我要的結果，那麼為了方便我在星期五請一天特休，剛好和六日湊成三天連假，我就必須先趕工，或者先和同部門的同事商量。這麼做才是使用時間的正確方法吧？」

黑野 「沒錯。」

春香 「換句話說，爬山這項『嗜好』也可以當作我想要的結果囉！」

黑野 「當然沒問題。妳的理解能力提升了呢。」

受到讚美的春香顯得非常開心。或許有關如何投資時間這件事，已經不再讓她感覺是個沉重的負擔。

春香 「這麼一想，心理負擔就沒那麼大了。因為我一直以為休閒嗜好不能當作想要的結果。」

黑野 「我確實沒有把這點講得很清楚。**每個人想從人生中得到什麼樣的結果，當然因人而異。**不論妳是喜歡旅行，還是喜歡手作、喜歡聽音樂還是想要在工作上累積更多表現，其實要做的事情都一樣，就是依照自己想要的結果，問自己『我現在該把多少時間投資在哪裡』。」

春香「聽完老師一席話，我覺得豁然開朗了！因為我心目中的幸福人生，不能只有事業，也一定要有休閒娛樂的時間。」

春香拿起剛才只顧講話沒喝，現在已經涼透的普洱茶一飲而盡。

黑野因為春香的成長而暗自欣喜，也開始喝起飯後的茶飲。

●時間之神的教誨

・人生最重要的是藉由投資自己的時間，得到幸福。

12 「抽不出自己的時間」的根本原因

白川　「黑野老師，請問您現在有時間嗎？」

　來電者是東都大學最尖端人工智能研究所，通稱「T實」的所長白川秀樹。

黑野　「喂～白川同學，不對、白川先生，請問找我有什麼事嗎？」

　白川因人工智能開發與仿生機器人的研究，成為史上第一位以不到三十歲之齡，榮獲諾貝爾化學獎與物理獎的雙料得主，是日本引以為傲的世界級天才。順帶一提，他也是黑野研究室的畢業生。

白川　「我最近的研究陷入停滯期，簡單來說，我沒有從投資的時間獲得預期的結果。我想這個問題也只能找老師商量了。」

黑野　「原來如此。真不愧是日本的金頭腦呢，遇到瓶頸的時候，馬上知道要請誰幫忙解惑。我現在過去找你方便嗎？」

白川　「謝謝老師！恭候您大駕光臨。」

＊＊＊

過了一段時間，春香來到黑野的研究室。

春香　「老師，上次真的很謝謝您！咦？人不在呢，是外出了嗎？」

春香環視整間研究室。

春香　「可是老師的手提包還在……應該很快就會回來吧！我在這裡稍微等一下好了……。反正也常常被老師念，要隨時留一點時間思考自己要的結果是什麼。那我來想想下一個目標是什麼吧。」

春香攤開了自己的筆記本。

＊＊＊

T實是一棟以銀色為主色，造型充滿未來風的摩登建築。而日本所有頭腦最聰明的菁英，便聚集在這個地上八層、地下二層的研究機構。

因為白川已事先做好登錄，於是黑野能順利通過臉部認證系統，穿過安檢門。在職員引導他到所長室的路上，黑野有機會一窺研究室的內部。

黑野　「感覺沒有人在埋頭做研究呢……不好意思，請問你知道那位女研究員的名字嗎？」

替黑野帶路的職員，告訴他那位研究員姓千葉。

黑野在所長室等了一會兒，白川現身了。

白川有一頭飄逸的茶色頭髮，戴著賽璐璐眼鏡，身穿研究室的白袍。

白川　「老師，真的很感謝您特別跑一趟。好在您剛好有空，真是幫了我大忙。」

黑野　「別這麼見外。既然是我的得意門生有事相求，出手相助當然是義不容辭的事。」

黑野一副心情很好的樣子。

黑野　「你在電話裡說已經投資了時間，但研究遲遲沒有進展。到底是怎麼回事呢？」

白川　「我把老師教我的『**想要的結果＝投資的時間×行動等級**』奉為行事準則，也對本研究所的研究員進行同樣的指導。拜老師所賜，我們已經成為全世界具備頂級競爭力的研究所。」

聽完白川的話，黑野露出欣慰的微笑。

白川　「但是，包含我在內，覺得員工們的工作表現似乎有下滑的趨勢。這裡所說的工作表現，意

思是相較於投資的時間，得到的結果變少了。」

黑野「想不到連白川也會遇到這種問題啊。我真是太意外了。」

白川「我相信老師也很清楚，人工智能的研究可說是日新月異，如果不想辦法提升整個團隊的工作表現，很快就會失去與各國一較長短的競爭力。

我認為投資的時間都已經到了上限，所以剩下的辦法，就是提升包含我在內的所有研究員的行動等級。但是我並不清楚行動是哪裡出了問題，所以今天才會想請教老師。」

黑野「原來如此。不愧是白川，**已經投資到時間的上限了**。我明白你的目的了。那我們一起來找出有改善空間的項目吧。我是不是要和那些人見面呢？」

白川「事不宜遲，我馬上為您介紹。我想請老師一見的人都在八樓。

八樓的有些成員，在整個研究所中負責最先進的理論建構與開發、進行檢證。簡單來說，如果這個單位失靈了，整個研究所也差不多廢了。日本的科學也就裹足不前了。」

黑野「好的，你放心交給我吧。」

白川「老師的臉部認證已經登錄在所有的樓層，您可以自由進出。」

黑野「謝謝你的費心。在我回去之前，先繞去八樓看一下好了。不知道能不能從明天算起，給我大約一個星期的時間？如果我有所發現會與你聯絡。」

說完以後，黑野便與白川告別，前往八樓。

黑野「原來如此。果然如我所料。不過還是從明天起仔細觀察吧。」

黑野在八樓繞了一圈後就走回了自己的研究室。

＊＊＊

春香「老師，您好！」

黑野一回到研究室，春香馬上放聲向他打招呼。

黑野「哇、被妳嚇一跳！青井同學來很久了嗎？」

春香「老師跑哪裡去了？我在這裡等你好久了。」

黑野「是青井同學自己決定要等的吧。就和妳說來之前要先預約。」

春香「我剛好有事到附近，所以順便繞過來。我利用等待老師的這段時間，思考了『現在的自己想要得到什麼』。」

黑野「很會利用時間呢。那妳整理好自己的想法了嗎？」

春香「我想到的不是『現在馬上要的結果』，而是『從投資餘生的時間想要的結果』。」

黑野「能這麼想不是很棒嗎？說來聽聽。」

春香「好的，接下來我要發表我的看法。」

春香站起來，抬頭挺胸。

春香「我希望從投資我人生剩下的時間所得到的是『不會倦怠、有意義的人生』。」

春香一臉得意，挺直腰桿的看著黑野。

黑野「不會倦怠、有意義的人生？妳的意思是？」

春香「就是字面上的意思啊。我想了很多，我覺得人生還是要過得開心。我希望自己的私生活過得很充實，不想做的事最好也能免則免。對了，我當然也不希望自己遇到人際關係上的煩惱，所以我才會用不會倦怠來形容。」

黑野「然後呢？」

黑野看著春香的同時，腦中也正在想著其他事。

春香「雖然我說不想讓自己疲憊，但我的意思並不是想輕鬆過日子。就像老師之前對我說的，我當然也想從投資人生的時間，得到成就感和感覺到意義。不過最主要的，我還是希望透過工作感受到意義的存在。

綜合各種考量後，最後我得到的結論是『不會倦怠、有意義的人生』」

黑野「妳說的很好。因為妳知道不可以把自己不滿意的事當作想得到的結果。」

春香「為了實現『不會倦怠、有意義的人生』，我認為每天都要思考今天的時間要投資在哪裡。我說對了嗎？」

黑野「妳說對了。如果妳把『不會倦怠、有意義的人生』視為人生最大的終極目標，那妳只要隨時想著『為了達到這個目的，現在該做什麼？』就好了。

只要把目標放在最後的結果，而且懂得應變，適時的更新現在該做的事，在不斷努力下，最後一定能夠達到妳所說的『不會倦怠、有意義的人生』。」

春香「真的嗎？太好了～」

黑野「為了實現『不會倦怠、有意義的人生』，保持工作和生活的平衡當然也非常重要。這麼一來，也差不多是時候告訴妳該如何提升行動等級了。」

黑野在白板上寫下「人生的公式」。

【人生的公式】

可得到的結果 ＝ 投資的時間 × 行動等級

黑野 「這是赤坂上次告訴妳的公式，還記得什麼是『行動等級』嗎？」

春香 「我記得行動等級就是生產性的高低吧？」

黑野 「沒錯。那妳還記得那次赤坂說『老師很快就會教妳如何提升行動等級的方法』嗎？」

確認過春香點頭表示記得後，黑野又在白板上寫下「行動等級造成的差異」的公式，像是要和「人生的公式」進行比較。

【行動等級造成的差異】

①投資時間10小時 × 行動等級1 ＝ 得到的結果10

②投資時間5小時 × 行動等級1 ＝ 得到的結果10

春香 「我懂。只要提升行動等級，就可以減少投資時間。我希望工作和生活都過得很充實，所以請老帥務必傳授我提升行動等級的方法。」

黑野 「如果希望生活過得精采，投資在工作的時間勢必會減少喔。如果妳希望做出和現在一樣，甚至是超越現在的成績，那就如同這個算式所示，妳必須提升行動等級以彌補減少的時間。」

春香「這裡說的行動等級1、2，和打遊戲一樣有升級的基準嗎？」

黑野「我說的行動等級，完全只是和之前的自己比較。舉例而言，原本要花一小時完成的業務，現在只要半小時完成，這樣就算是升級到行動等級2了。以此類推，等到把時間縮短成二十分鐘完成，就算是升級到等級3了。」

春香「原來如此。**原來行動等級只要和自己過去的生產性比較就可以了！**」

黑野「是的。比方說如果採用更好的方法提升行動品質後，製作簡報的時間就從一小時縮短成半小時。還有做菜時間從三十分縮短成十五分、在社群發一篇文的時間從一小時縮短成三十分鐘……。不論什麼事都可以，只要能夠以更短的時間獲得相同的結果，就算是提升了行動等級。」

春香「的確是提高了生產性。我完全了解了！」

黑野「對了，青井同學，一個星期後的晚上六點妳有空嗎？」

春香「老師等我一下。」

春香拿出手機確認行事曆。

春香「十三號星期五的晚上六點對吧……。這天一定得去拜訪客戶耶……」

春香故作思考了一下子。

春香「沒關係。老師既然都開口問我了，一定是對我很重要的事吧？那麼，為了我這個『不會倦怠、有意義的人生』的終極目標，我會和客戶另外約時間。」

黑野「真的沒關係嗎？」

春香「真的沒關係。因為這個客戶下的訂單金額也不是很高。只要維持每兩週拜訪一次的頻率，就算守住聯繫客戶的最低底線，所以不會有問題。

為了自己想要的結果，我最近也開始努力，想要打造一個能夠做好時間投資的環境。所以下星期五一樣麻煩老師囉。」

春香的回答聽起來說服力十足。

黑野「那請在下星期五的晚上六點到T實與我會合！」

春香「不會吧！您說的該不會是那位天才、白川秀樹教授的T實吧？」

黑野「答對了。我就在那裡教妳如何提升行動等級的方法吧。」

黑野豎起食指，擺出「一切交給我可以放心」的姿勢。

時間之神的教誨

・即使投資時間減少了，只要提升「行動等級」就不必擔心。

13 學會拒絕，改變人生

一個星期之後，黑野和春香去了T實的所長室。

黑野 「白川，這是我在電話裡和你提過的學妹青井。」

春香 「您好，我是青井春香。今天叨擾了。能親眼見到您本人真是太榮幸了。我真的作夢也想不到白川先生是黑野老師的學生……」

春香露出宛如見到大明星的表情。

白川 「青井同學，幸會。我才是很開心今天能見到學妹。」

黑野 「說是學妹，我想你們兩個應該是同年吧？白川是跳級生，所以十八歲就大學畢業了。」

春香 「原來是這樣啊。我只知道白川老師很年輕，沒想到……」

白川 「哎呀，別提這個了……很感謝兩位今天抽出寶貴的時間，我們趕快進入正題吧。」

黑野「你說得對。白川，我在電話裡拜託你的東西都準備好了嗎？」

白川「都準備好了。我們已經從一個星期分的八樓的監視器影像檔，按照老師指定的時間擷取出您要的部分了。」

春香「確認監視器畫面？好像在演警匪片喔。老師為什麼要這些畫面呢？」

黑野「上次白川找我商量包含他本人在內，該如何解決T實研究員的工作表現都下滑的問題。我今天就是來解決這個問題的。準備監視器畫面是為了解說用。

我的回答也會談到行動等級，剛好很適合青井同學，所以我今天才會約她一起來。

順帶一提，**所謂的工作表現，請把它當作『以同樣的時間能夠獲得多少的結果』**。」

春香「就是**得到的結果（工作表現）＝投資時間×行動等級對吧。**」

春香邊筆記邊點頭。

黑野「那我們就趕快開始吧。先把醜話說在前頭，真的都是一些雞毛蒜皮的小事，簡單到青井同學也能輕鬆完成的事。」

春香看似不滿的嘟囔著「這句話是什麼意思……」，但黑野卻視而不見的繼續說。

黑野「首先可以播放星期二下午一點三十七分的影像嗎？」

螢幕開始播放當時的畫面。

白川「是千葉小姐。好像有人在拜託她做什麼事？」

黑野「接著可以播放星期四下午兩點十五分的影像嗎？」

白川「又是千葉小姐。這次好像又有人拜託她……」

黑野「接下來是最後一段影像。上星期五晚上八點四十七分。」

白川「又是千葉小姐。她要下班的時候被里崎主任叫住了。」

黑野「沒錯。請問這三段影像的共通點是什麼呢？」

黑野站起來，又喊出「質詢時間」那句老台詞。

白川「好久沒聽到這句話了，好懷念喔。」

黑野「對吧，很懷念吧？究竟是什麼呢？請白川作答。」

白川「答案是『千葉小姐總是被人拜託做什麼』嗎？」

黑野「答對了。我昨天約談了千葉小姐。聽說經常有人拜託她做事，讓她事情永遠做不完。」

白川的眉毛抽動了一下。

黑野「我想你不覺得每個研究員的工作表現都下滑了吧？就我看來，有些研究員的工作表現依然維持水準，但有些研究員不是。」

白川「老師說的一點也沒錯。我擔心如果我先說破哪些人的工作表現下滑了，會使老師對他們產生先入為主的印象。」

黑野「就算你不說，我還是馬上就看出來了。在你心目中的『工作表現退步排行榜』中，千葉小姐也名列其中吧？」

白川「還真的是瞞不過老師的法眼。」

黑野豎起食指，又露出自信滿滿的表情。

黑野「千葉小姐的工作表現下滑並不是她的錯。她的個性很和善，常常無法拒絕周圍的請託而接下了分外的工作，害得她少了很多時間去做自己的分內事和重要的事。」

白川「千葉小姐不只是個性好，能力也很優秀……，難怪大家都想找她幫忙。

但是從『人生的公式』的觀點來看，這樣就會壓縮到投資在自己分內事的時間。不用說，得到的結果一定縮水……」

白川舉起右手抓頭。

春香舉手想發言。

春香「那個……真的只是因為千葉小姐的個性和能力嗎？」

春香看著白川，欲言又止。

白川　「青井小姐，請繼續。」

春香　「謝謝。被人拜託做事的經驗我也不陌生，如果對方是主管或資深同事，有時候真的拒絕不了。因為我擔心如果拒絕對方，可能會被當作沒有協調性的自私鬼。我想，很多人都有這樣的顧慮而無法說『不』吧。」

黑野　「妳的意見很有參考價值呢。我也是這麼想，所以問了千葉小姐她被人拜託了什麼事。」

黑野似乎已經預判春香會產生這樣的疑問。

黑野　「結果她告訴我，她不時要幫忙彙整其他研究員的數據，也常常幫忙其他人負責的實驗製作報告資料。如果不是自己負責或有參與的專案，原則上拒絕也沒有問題吧？白川。」

白川　「正如黑野老師所說，研究員的評價好壞完全依照自己負責部分的工作成果。除了管理階層，其他人完全沒有替別人分擔工作的必要。」

黑野　「好好小姐最常遇到的問題就是可以拒絕的時候沒有拒絕，還優先處理別人拜託的事，害自己的投資時間變得愈來愈少。

比起把時間投入在能帶來自己想要成果的事情上，有些人常常會優先處理他人交辦的事，把時間花在那些事上。

結果就是，能投入在自身工作的時間變少，最終得到的成果也有限。

嚴重的話，甚至會陷入過度勞動，不只犧牲了自己的工作時間，連私人時間也得付出，就這樣落入了負面循環之中呢。」

春香　「我覺得這個不是T實才有的問題，有很多地方都有這個問題，包括我的公司。」

黑野　「妳的著眼點很不賴呢。青井同學都被拜託了哪些事情呢？」

春香　「和千葉小姐一樣，協助處理不是自己負責的業務，甚至被留下來做到很晚或週末也要加班。也有人拜託我參加與我不相關的會議，還有替主管代班，去其他部門做簡報。不只是職場，朋友也會，雖然覺得很煩，但很多時候都不知道怎麼拒絕。」

黑野　「如果是朋友或團隊請妳幫忙，有時候還真的無法推辭。當然，**如果自己行有餘力，對別人伸出援手絕對不是壞事喔。**」

黑野再補上一句，這個原則是「依照個別情況」決定。

春香　「要不是因為我找到老師這個靠山，我的處境就會和千葉小姐一樣了。因為我好像沒有勇氣對別人說不。」

白川　「沒錯，尤其是日本人，很多人都不知道該如何拒絕別人。我得替千葉小姐想想辦法，讓她專心負責自己的業務就好，畢竟時間有限。

讓她承受過重的工作負擔，是我這個所長失職。我也會指導其他研究員，讓他們自己完成分內的工作。當然還是會視情況而定。」

白川稍微嘆了口氣，然後看向了黑野的眼睛。

白川 「老師，身為所長的我，應該向千葉小姐這種不擅長拒絕的人，提供什麼樣的建議呢？」

黑野 「我現在就教你。在這之前，我有問題要先請教白川。質詢時間。」

這次大家就完全沒有反應了。

黑野 「請問火災發生時，有進行消防訓練和沒有進行消防訓練，哪一種能順利使用滅火器呢？」

白川 「當然是有在事前進行過消防訓練。」

黑野 「為什麼火災發生時，只要事前進行過消防訓練，就能夠順利使用滅火器呢？」

白川 「因為事前已經確認滅火器的所在位置，也練習了如何使用滅火器……原來如此啊！」

不愧是天才白川秀樹。他似乎發現了個中道理。

春香 「到底是什麼意思？」

黑野 「聽好了喔。以千葉小姐的情況來說，發生火災好比『受人之託』。如果事先進行消防訓練，就能在火災發生時順利操作滅火器，那麼對千葉小姐來說，**只要事先練習拒絕的方法，就可以成功拒絕別人的拜託了**。

舉例而言，只要對方拜託的是業務範圍外的工作，一律回答『不好意思，我的專業知識派不上用場，請找別人』。」

春香似乎終於進入情況了。

春香「真的呢。如果有先練習，像我這種懦弱的人，大概就敢開口拒絕了吧……」

黑野「妳說的懦弱的人在哪裡？」

春香「真沒禮貌！我啊，我就是那個很懦弱的人……咳咳。」

春香咳了兩聲。

春香「總而言之，**我覺得即使事先練習好一套說詞，但也不保證不擅長拒絕的人能夠臨場順利發揮。**我希望有更保險的作法，或者說更有保障，讓我知道拒絕別人也不會怎麼樣的方法。」

黑野「原來如此……白川可以向青井同學說明哈佛大學艾倫·蘭格教授的研究成果嗎？」

白川「確實有道理。那分研究等於是一劑強心針呢。我知道了。」

白川站了起來。

白川「我接下來要說的是一九七八年一項名為『**腳本化行為**』的知名研究。這個實驗的內容是檢證正在排隊使用印表機的人，遇到有人請求插隊時的反應。」

白川在所長室的白板上寫下三個選項。

①抱歉，我這裡有五頁，但我趕時間，可以讓我先用影印機嗎？

②抱歉，我這裡有五頁。可以讓我先用影印機嗎？

③抱歉，我這裡有五頁。可以讓我先用影印機嗎？因為我想先印。

白川「以①為理由向人拜託後，有九十四％的人同意讓他插隊。換句話說，從這個實驗得知，**『只要說明理由，大部分的人都會接受』**。

同樣的道理，只要事先準備拒絕的固定台詞，再抬出一個『為何幫不上忙』的理由就萬無一失了。例如『現在無法抽身』『現在正專心做其他事』。」

春香「原來還有這招！如果有固定台詞可用，我就可以放手一搏了。」

白川「說的也是。不過，更讓人驚訝的還在後頭呢。

②和③也都是在拜託對方，妳覺得聽了這兩句話願意買單的比例各有多少呢？」

春香「②沒有說明理由、③根本構不成理由，所以願意讓步的應該都不到二〇％吧。」

白川「會這麼想很正常。可是呢，連②都有六〇％的人願意買單呢。至於青井小姐說的根本稱不上理由的③，和①差不多，有九十三％的人願意讓步呢。」

春香「也就是說，以後遇到沒什麼興趣參加的聚餐，只要隨便找個理由說『我沒辦法去』也行得通嗎？即使是這麼隨便的理由也沒關係？」

白川「沒錯！實際的結果就是如此。是不是讓妳以後開口拒絕時多了幾分底氣？」

春香「沒錯，很有幫助！有點後悔之前怎麼這麼好說話，為什麼不隨便找個理由拒絕就好了。」

白川「是嗎，那太好了。黑野老師，我講到這裡可以嗎？」

白川微微一笑，轉頭看向黑野。

黑野「OK！」

春香「簡單來說，自己要懂得防衛，以免如此寶貴的時間資產被其他人搶走了吧。」

黑野「沒錯。**準備拒絕對方的固定台詞，就是為了避免已經保留給自己的時間被其他事情占用。和我們把錢放進金庫，以免被人拿走是同樣的道理。**順帶一問，青井同學有想到什麼用來拒絕對方的理由嗎？」

春香「已經知道**什麼事都可以當作理由**，就算找一些『現在沒空』『我正在趕工』，甚至裝病說『我身體不舒服』，應該都行得通吧。」

黑野「說的太好了。妳今天腦袋很靈光嘛！」

春香原本正在筆記本寫下拒絕的固定台詞，這時卻突然大叫一聲。

春香「不太對喔。」

黑野 「怎麼啦？」

春香 「或許是有這樣的研究結果沒錯，但跑來拗我的人如果是主管怎麼辦？我猜我家的課長一定會說『哪來那麼多理由。做就是了』。」

黑野 「很簡單，一視同仁就對了。就算他是主管，也一樣找個理由，告訴他**『做不到的事就是做不到』時間是如此寶貴的資產，如果不全力捍衛，就等著被搶走了。**」

白川 「話是這麼說，但現實與理想還是有不小的差距啊。」

白川出手相助了。

白川 「青井小姐，不妨這麼回答：『我現在正在進行課長交待的重要工作。如果現在有急件插進來，〇〇的案子就一定來不及，這樣也沒關係嗎？』我想，**只要告訴對方『不要拜託我，對你是利大於弊』他就會知難而退了。**」

春香 「原來如此！傳達方式也很重要呢。不愧是白井老師。」

黑野 「對吧。因為是我教出來的學生啊。」

不知為何，黑野又露出得意洋洋的表情。

黑野 「講到這裡，談的都是避免自己的投資時間被人剝奪的方法，接下來也順便談談如果投資時間減少該如何解決好了。」

春香「老師終於要談行動等級了嗎？」

黑野「妳說對了。青井同學真聰明。」

黑野微微一笑，豎起了食指。

●時間之神的教誨

・學習拒絕別人，守護自己的投資時間。

14

「天才不帶手機」的驚人理由

黑野　「那我們接著看。白川老師，可以播放星期一下午兩點五十二分的影像嗎？」

白川　「好的……現在這位是佐佐木先生。」

黑野　「請仔細看看現在映入他眼簾的是什麼。」

白川按照黑野的吩咐，睜大眼睛盯著影像。

白川　「我看不出來有什麼特別的地方……」

黑野　「那可以請你再播放隔天星期二下午四點七分的影像嗎？」

畫面中出現的也是佐佐木研究員。

黑野　「佐佐木先生現在看到的東西，有哪些和前一天是一樣的呢？」

白川　「和前一天一樣的有……書桌、電腦、筆、筆記本、資料、手機、時鐘、書、檔案、牆壁、電燈泡、窗外的景色、書架……差不多就這些吧。」

黑野「為了怕你忘記剛才說了什麼，請把看到的東西寫下來。

接下來看隔天星期三下午一點二十一分的影像。」

白川沒有動筆，打算直接切換影像。

白川「這點內容我還記得住，不用筆記也無妨。」

春香露出「這就是天才嗎」的表情凝視著白川。

這時，出現在畫面上的人物變了。

白川「這位是龍崎先生。」

黑野「是的，這位是白川的得力助手龍崎副教授吧。你可以說說龍崎先生現在看得到的東西有哪些嗎？」

白川「書桌、電腦、筆、筆記本、資料、時鐘、書、檔案、牆壁、電燈泡、窗外的景色、書架……差不多就這些吧。」

黑川「你發現了嗎？有什麼是佐佐木先生看得到，但龍崎先生看不到的東西嗎？」

黑野微微一笑。

白川「是手機對吧。但是，這和手機有什麼關係呢？」

白川似乎覺得難以理解。

春香也一副「誰不是把手機放在馬上拿得到的地方」的表情。

黑野「沒錯。佐佐木先生的視線範圍裡有手機，但龍崎先生的沒有。順便請教一下，白川知道龍崎先生人在研究所的時候，都把自己的手機放在哪裡嗎？」

白川「他從以前只要一到研究所，就把手機放進上了鎖的置物箱，專心做研究。」

黑野「龍崎先生真不簡單！沒錯。如果手機隨時不離身，就會容易分心，導致注意力散漫。如果只是注意力無法集中倒還是小事，可怕之處在於手機造成的問題比這個嚴重太多。」

春香「是什麼樣的嚴重問題呢？」

黑野「**光是把手機放在人體附近，認知能力就會明顯下降。**所謂的認知能力，就是閱讀、思考方面的能力，所以代表行動等級也會下降。」

春香「老師，你的意思是只要把手機放在身邊就會降低作業效率嗎？即使不看手機也一樣嗎？怎麼會有這種事，請問有證據嗎？」

黑野「當然有。根據德州大學麥庫姆斯商學院的調查，**證實只要把手機放在書桌上等人體附近，即使關掉電源，認知能力還是會明顯下滑。**」

白川無法掩飾內心的訝異站了起來。

白川　「就算關掉電源也一樣嗎？」

春香因為太過驚訝，連聲音也發不出來。

黑野　「其實，透過這項調查也證實把手機放在其他房間的受試者們，成績優於把手機放在手邊的受試者們。換句話說，離手機愈遠的人，學業或工作表現也愈好。」

白川　「原來如此！」

黑野　「順便請問一下，白川的手機現在放在哪裡呢？」

白川　「我找一下……咦、我的手機呢？」

白川掏遍褲子和實驗衣的每一個口袋。

白川　「啊！我猜是放在家裡！」

春香　「什麼、把手機放在家裡？」

春香一邊拿起手機一邊發問。接著喃喃自語道：「天才與手機的距離果然遙不可及……」

白川　「我基本上都是放在家裡沒帶出來。因為不太有機會用到。」

白川說得一副理所當然的樣子。

春香　「可是，不論是工作的聯絡、生活中的聯繫，沒有手機還是很不方便吧？」

白川　「身邊的人都知道用手機找不到我，所以基本上都是用電子郵件和我聯絡。畢竟電子郵件不會妨礙我進行研究。」

春香「原來是這樣啊……」

春香打算悄悄的把自己的手機放進手提袋。

黑野「那位打算偷偷藏起自己手機的小姐，妳怎麼了嗎？」

春香「反正我就是手機永遠不離身的女子啦。」

白川「別這麼說啦。現代人誰不是隨身攜帶手機的呢。」

白川體貼的為春香緩頰。

黑野「那我繼續解說唷。」

黑野繼續說明。

黑野「**認知能力下降，意味著『人生的公式』中的行動等級會顯著下滑。**假設原本的行動等級是1，但是受到手機的影響，有時可能只剩下〇・五。換句話說，為了得到與行動等級1同樣的結果，必須多投資1倍的時間。費盡千方百計才確保的投資時間等於被白白浪費了。」

黑野站起來，開始在白板上畫圖。

想要的結果　投資時間 × 行動等級

例 想要得到的結果是「10」

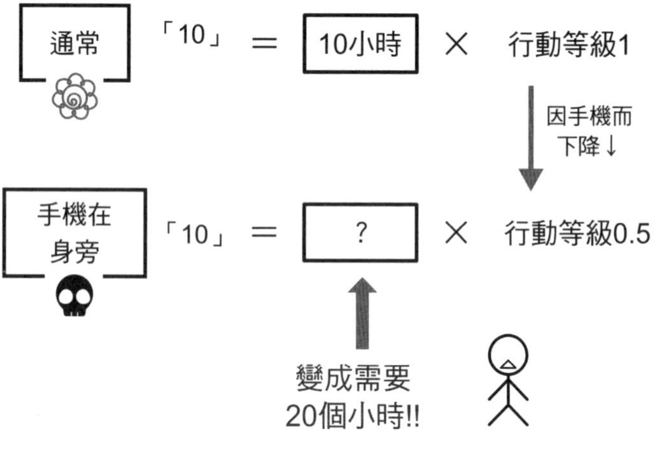

春香一臉像是有了重大發現的表情向黑野發問。

春香「老師，等一下！你的意思是說，只要我在工作的時候把手機放在置物櫃，不但認知能力會提高，生產性也會有所提升，甚至連行動等級都會從1升級成2嗎？」

黑野「沒錯。」

春香「如果行動等級提升到2，那投資時間只要原本的一半就好，對吧。」

黑野「是的。不過，不是每個人只要行動等級提升到2，生產性都能提高2倍。但是就算效果沒那麼好，最起碼一定能夠用較少的投資時間，得到一樣的結果。」

春香「把手機放在包包裡或抽屜裡算是徹底的隔離嗎？我們公司沒有置物櫃，也不能把隨身物品放在其他房間。」

或許春香認為這點對「不會倦怠、有意義的人生」很有幫助，所以不惜打破砂鍋問到底。

黑野「最好是根據研究結果，是要放在其他房間。但我認為**收在包包或藏在抽屜等看不到的地方也很好。**」

春香「我想順便確認，這點是不是也適用於工作以外呢？例如看書時、上網看影片時、學英文時等等……」

黑野「妳說對了。如果在生活中也想把認知能力運用到最極致，就把手機放在其他房間。不然最起碼也收到看不到的地方。效果非常明顯喔。不論是看書還是看電影，一定讓妳更投入。」

黑野把目光轉向白川。

黑野「我看了佐佐木先生的舉動，發現手機出現在他視線範圍的機率比其他人超出許多。我想這也是他工作表現下滑的原因。」

白川「原來是這樣啊。我想這點不僅限於佐佐木先生，也適用於每個人。老實說，我如果帶著手機出門，當天的集中力就沒辦法持續很久呢……。所以我才會把電子郵件當作主要的聯絡工具。說不定我本身的工作表現下降，原因之一也是受到手機的影響呢。」

●時間之神的教誨

・先把手機放得遠遠的再開始工作。

15 天才的休息法

黑野　「現在來談佐佐木先生，從他把手機放得離自己這麼近這一點來看，我猜他在**休息時間也會滑手機吧**？」

已經下定決心「工作時絕對不要再把手機放在看得到的地方！」的春香對這句話起了反應。

春香　「如果休息時間是一個人獨處，我想沒有人不滑手機吧。」

黑野　「想在午休時間找到一個沒在滑手機的人確實很困難吧……。但是，午休時間可是為了恢復專注力的重要時間。順便請教一下，白川在午休時都做些什麼呢？」

白川　「我嗎？我會趴在桌子上睡個午覺。」

春香驚訝得快要從椅子上掉下來。

黑野　「午休時間除了小憩片刻，還做過其他的事嗎？」

黑野以一副「不愧是天才」的口吻詢問白川。

白川　「我想想看喔……天氣好的話從窗子望出去看得到富士山，所以我有時會遠遠看著山發呆，或是做深蹲。勤快一點就去快走、拉拉筋。午休時間不適合做這些活動嗎？」

黑野　「才不是呢，簡直太完美了。順便確認一下，請問你會滑手機嗎？」

白川　「我的手機幾乎都放在家裡，所以很少。」

春香　「黑野老師，午休時間可以看手機吧？行動等級下滑講的不是工作效率嗎？」

黑野　「但如果從『不要降低行動等級』觀點來看，滑手機的問題可大了。

因為**工作後疲憊的大腦只會變得更疲憊**。

人類的腦大約有八〇～九〇％都用於處理來自視覺的資訊。換句話說，如果利用休息時間滑手機，等於讓腦完全沒有休息。」

春香　「怎麼會這樣！我還以為隨意滑滑手機是讓腦休息呢。」

黑野　「剛好相反。不論是隨便看看還是認真看都一樣。如果把午休當作提升腦力的時間，一定要讓腦休息。

最好的方法就是閉上眼睛。用意是阻隔視覺資訊，讓腦部休息。所以，白川老師的『睡午覺』

是最理想的選擇。」

春香　「老師，我從今天開始午休時間也要閉上眼睛……」

春香顯得有些垂頭喪氣。

黑野　「那很好啊。妳的腦平常到了下午就會疲勞，導致行動等級下降，但以後就不會了。所以妳可以少花一點時間，卻得到同樣的結果。」

春香在筆記本寫下「**午休時間也不要滑手機，閉目養神**」。

黑野　「如果情況不允許妳閉目養神，妳可以效法白川老師，看看遠方或深蹲。」

春香　「我們公司附近沒有山，但是有迷你花園。如果只做十次，我應該可以在座位旁邊做完吧。」

黑野　「那很棒呀。欣賞大自然可以紓壓，深蹲會促進血液循環，對消除腦部疲勞都有幫助。」

白川不愧是天才。不用人家教，憑本能就知道該這麼做了。

白川　「謝謝誇獎。休息的方式果然很重要呢。如果懂得正確的休息方法，避免行動等級下降，就可以更有效率的投資自己的時間。」

雖然沒有強制性，但身為所長的我還是會向所有同仁推薦休息的方法，以維持大家的工作表現。」

黑野　「我覺得你這個想法非常好。」

春香聽著兩人的對話，同時在自己的筆記本寫下「有關時間投資的觀念，有許多尚待改進之處」。

●時間之神的教誨

・休息時間不要滑手機。推薦閉目養神、看遠方、深蹲。

16
利用「提醒便條紙」增加時間

白川看著春香寫下自己的新發現，看似佩服地對她說。

白川「青井小姐，把自己的發現寫下來以免忘記是很棒的作法呢。」

春香「我只是不像白川老師那麼聰明，不用筆記就全部記得住。」

黑野「如果能好好運用這些便條紙，就能提升行動等級，所以可千萬別丟了這些紙條喔。嗯，我還是說明一下好了，因為這點對改善T實的工作表現有幫助。」

白川「我想我們的研究員們都算是蠻會利用便條紙的……」

黑野「有使用便條紙習慣的人很多，但是很多人不知道有兩個可以利用便條紙來提高工作表現的方法。」

黑野在白板上寫下了幾個字。

①提醒自己的便條紙

黑野　「**『提醒便條紙』正如其名，就是記下正在做某件事時，突然想到的其他事的便箋。**」

春香　「老師說的是類似像我在公司辦公的時候，突然想到『明天要和課長說我要請特休的事』，然後寫在便條紙上嗎？」

黑野　「是的。同樣的道理，如果在家裡看書的時候，突然想到『該買洗衣粉了！』只要記下來就OK了。」

春香　「不管是『我想看那部片！』還是『得向朋友發個LINE』『明天晚餐煮咖哩好了』『別忘了確認社群的訊息』，反正只要突然想到什麼事，通通寫下來就對了嗎？」

黑野　「只要寫下突然想到的事就好。以T實的研究員來說，他們如果在進行實驗時，突然想到『等一下要記得回訊息』，就要立刻記下來，然後再回去做實驗。」

白川　「其實呢，我如果想到什麼點子，也會立刻記下來以免忘記。不過我記的不只有點子，還會寫下突然想到、但不是得立刻去做的事，例如『明天要聯絡○○老師』『明天要結算經費的費用』。」

春香　「老師，為什麼只要寫下突然想到的事，就可以提升行動等級呢？」

黑野　「這是個好問題。其實，我說的『提醒便條紙』，在心理學上稱為**『未完成備忘錄』**。如同字面上的意思，就是記下『還沒完成的工作』的便條紙。未完成備忘錄的效果已經獲得科學上的驗證了。

社會心理學者羅伊．鮑邁斯特曾進行這樣的實驗：他請兩組受試者的其中一組寫下未完成備忘錄，另一組則無。之後，他請這兩組的成員閱讀小說。」

春香　「然後呢？」

春香聽得津津有味。

黑野　「在閱讀小說之前寫下未完成備忘錄的小組，比沒有製作備忘錄的另一組更能專注於閱讀，因為他們在閱讀過程中不容易分心想其他事情。

比起已經做好的事，在意尚未完成或被迫中斷的事是人腦的特質之一。所以，**記下未完成的事情，用意在於讓腦知道『這件事已經處理了』，就可以避免注意力無法集中**。」

春香　「原來如此……。真的是這樣耶。如果工作的時候突然想到『等一下要記得調查A公司的交易紀錄』等其他事情，有時候就無法專心於眼前的業務，甚至坐立難安。這種時候的解方就是只要在便條紙上寫下『調查A公司的交易紀錄』就好了吧。」

黑野　「沒錯。畢竟眼前正在做其他事情，所以只要把突然想到的事寫下來就好了。」

春香　「可是我覺得寫在紙上很麻煩，可以用手機記錄嗎？」

黑野　「記在手機裡也可以。記錄的目的是讓腦部知道『在意的事』已經處理了，這樣自己才能專注於眼前的事。如此一來，就能防止行動等級降低。**畢竟如果思緒被其他事情占據，行動等級將只降不升。**不過寫在紙上對腦的作用力比較強，而且正如剛才所說，手機也可能降低認知能力，所以最好是寫在紙上。」

春香　「我知道了！那我還是盡量寫在紙上。但如果寫了太多張便條紙，好像也會變成一種壓力……」

黑野　「這個問題應該可以靠我之前教妳的方法解決吧？」

春香　「就是決定不至於出問題的最低底線那招吧？」

黑野　「沒錯，**先決定不至於出問題的底線，接著依照情況的發展，若決定不做就丟掉紙條**。若還是會因為其他的『提醒便條紙』分心，那就把那些便條紙貼在看不到的地方，以免自己無法專心。

妳現在知道為什麼我一開始會說『提醒便條紙』，而不是『未完成備忘錄』了吧？」

春香　「因為『提醒便條紙』的感覺沒有『未完成備忘錄』那麼沉重……嗎？」

黑野　「沒錯，用字遣詞很重要。『未完成備忘錄』讓人有一種非把上面寫的事情全部做完的感覺，而『提醒便條紙』比較沒有迫切性，感覺只要之後再決定就好了。」

春香　「使用的詞彙不同，給人的感受和印象也會跟著改變呢。」

因為自己的推測正確，春香顯得很高興。

白川　「我們研究所的同仁都很優秀，我相信一定也常有靈光一閃，或是突然想到什麼事還沒做的時候。如果只要記下來就能提升目前的行動等級，我還真想不出來有什麼理由不大力推薦呢。」

黑野　「對吧？請務必試試看！」

白川　「謝謝您告訴我這個既簡單而且已經證實有效的好方法。我有時候也會沒辦法專心於眼前的工作，現在想想，確實是因為腦子會不斷出現可以等一下再做的事、其他研究的點子等。不過，我現在終於發現，這就是自己無法專注於『現在』，也就是行動等級下滑的原因了。」

黑野　「雖然做起來很簡單，但是『提醒便條紙』對時間投資會發揮很大的影響力喔。」

黑野一臉滿足的下了結論。

●時間之神的教誨

・把在意的事立刻記下來，讓它暫時告一段落。

17 「讓時間不會被麻煩事剝奪」的科學方法

黑野　「第二個利用便條紙以提高行動等級的方法如下。」

黑野在白板上寫下一行字。

②深思熟慮&障礙計畫

黑野　「白川，可以請你播放星期三上午九點三十七分的影像嗎？」

白川　「這天我有印象。因為那天菊池先生已經彙整好的數據檔案消失了，鬧得沸沸揚揚。」

黑野　「菊池先生當天的工作表現怎麼樣？」

白川　「誠如老師所見，他看起來就是一副驚慌失措的樣子，毫無行動等級可言。」

黑野　「說的也是。那這場騷動後來是如何收場的呢？」

白川　「後來龍崎先生還原了數據，沒有釀成嚴重問題。但是菊池先生一整天都沒有恢復平時的工作表現。」

春香　「菊池先生的心情我明白……。我也曾經因為找不到自己做好的資料而陷入恐慌黑洞。雖然東西根本沒丟，只是被我換個地方保存了，但浪費了我好多時間尋找。」

黑野　「**發生預期以外的事會讓人驚慌，導致行動等級下降對吧**。但是只要準備『深思熟慮&障礙計畫』就可以避免行動等級下降。」

春香　「但是我覺得好像很難耶。」

黑野　「一點也不難，很簡單。說不定是今天講到的內容中最簡單的。」

春香　「真的嗎？」

春香的眼睛一亮。

黑野　「以『深思熟慮&障礙計畫』而言，『深思熟慮計畫』是更為簡單的部分。只要在**看得到的地方，貼上一張寫著『有麻煩時，停下來靜心思考』的紙條就好了**。」

春香　「只要這樣就好了嗎？」

黑野　「沒錯。**重點在於要貼在工作或做事時能看得到的地方**。只有這個重點。」

春香　「為什麼只要貼上這張紙，就會在突發狀況發生時發揮效果呢？」

因為方法過於簡單，春香似乎還是一頭霧水。

黑野　「道理很簡單。因為**人的情緒會受到所見之物影響**。」

白川露出一臉恍然大悟的表情，不住的點頭。

黑野　「就像人看到澄澈的天空，心情會變得舒暢；看到雷雨交加會感到鬱悶一樣。當我們面臨意外發生，就會變得短視，只看得到眼前的問題。

這時，如果看到『有麻煩時，停下來靜心思考』這幾個字，心裡會有何感受呢？」

春香　「可能會回過神吧。」

黑野　「是吧，可能會回神。這個作法或許顯得老套，但根據二〇一七年的研究結果顯示，這個方法確實有效。」

黑野把白板上的「深思熟慮」這幾個字用紅筆圈起來。

黑野　「『深思熟慮計畫』是德國康士坦茲大學等單位想出來的技法。這種思維和日本從很久以前就習慣在工地現場貼張『安全第一』的標語有異曲同工之處。

透過康士坦茲大學等單位的研究，證實了制定深思熟慮計畫的受試者，不論是進行投資或打撲克牌時的判斷力都變得更精準，而且面對困難也展現出更強大的韌性。」

春香　「老師，簡單來說，我只要把『有麻煩時，停下來靜心思考』這句話寫在便條紙上，貼在電腦上就可以了對吧？」

黑野　「是的，因為等到問題發生時，妳只要跟著眼前的提示，執行『遇到困難時仔細思考對策』就好了。

如此一來，妳至少能保有幾分平常心，也不必擔心行動等級會下降了。」

春香　「老師，標語是不是可以稍作變更呢？例如改成『和父母爭執後，停下來靜心思考』『重複訂位後，停下來靜心思考』『錢包不見了，停下來靜心思考』。」

黑野　「妳想把麻煩換成更具體的情境嗎？當然也會發揮很好的效果。」

黑野豎起食指。

白川　「但是我和龍崎如果遇到意想不到的突發狀況，倒是會很興奮呢。因為我們把意外當作獲得新發現的契機。」

春香不由得露出苦笑。

白川　「老師，我一定會馬上實踐『深思熟慮計畫』。順便想請教，它和『障礙計畫』是不同的方法嗎？」

黑野　「是的。雖然是類似的方法，還是稍有不同。算是『深思熟慮計畫』的應用版吧。

『障礙計畫』是在**展開某項工作或專案之前，預測『可能會發生哪些問題？』並列出解決對策。**」

白川　「原來如此。在日常生活中遇到的突發狀況包括：

・重要的資料不見了
・有會議臨時安插進來
・被要求支援同事的業務
・接到對方喋喋不休的電話
・身體出現不適
・父母、伴侶、孩子生病

老師的意思是事先制定好對策，決定遇到上述情況該如何處理嗎？」

黑野　「完全正確。真不愧是白川，一點就通。」

春香　「老師，千葉小姐的應對方法，是不是算是障礙計畫的一種活用呢？」

黑野　「悟性高的青井同學總算回來了。正如妳所說，這個方法可以應用在各種場面，非常方便。

舉例而言，父母可以事先設定『育兒方面的困擾與煩心事』，包括『孩子想和自己說話，但自己忙著做其他事而顯得不耐煩』。如果是這種情況，**可以在廚房貼張寫著『如果孩子找我講話，要面帶笑容回應』的便條紙**。」

春香「原來如此。**如果在問題發生之前，先決定好『遇到這種時候就這麼做』的規則，我們就有辦法冷靜思考**。這樣就算遇到突發狀況，對行動等級應該不會造成太大的影響。」

黑野「那麼請青井同學舉幾個『遇到這種時候要這麼做』的例子吧。」

春香「比方，

- **如果睡過頭，就告知主管『今天在家工作』**
- **如果主管和客戶提出不合理的要求，就告訴自己『他累了』**
- **如果接到客訴，先深呼吸一分鐘再思考**

差不多就這些吧？」

黑野「我想，如果在得到結果之前，先預測會遭遇哪些困難與障礙，應該也能想出解方。」

春香「了解！既然我想要的結果是『不會倦怠、有意義的人生』，那我會面對的障礙是……

- 被要求負責分外的工作
- 被要求假日加班
- 被主管權勢霸凌
- 無法專心進行重要的工作
- 接到客訴和遇到麻煩
- 有心無力參加假日的活動
- 時間湊不上，假日無法和朋友碰面
- 無法負擔娛樂和嗜好的開銷
- 有臨時支出

差不多就是這些吧。」

黑野　「妳想得很周到呢。不過有一點須要特別注意。那就是『**如果訂了很多障礙計畫，一定要寫在便條紙**』。畢竟數量一多，如果又沒寫下來就很容易忘記。」

聽到這句話，春香馬上開始振筆疾書。

黑野　「我想青井同學對時間的用法也愈來愈了解了吧。」

春香　「老師也這樣覺得呀？畢竟老師教的我可不是白學。」

春香說得一臉自豪。

春香　「不過，我只要事前預測可能會發生的狀況，並且想好應變的對策就夠了對吧？總覺得太簡單了……」

黑野　「真的只要這樣就夠了。『障礙計畫』是倫敦商業學院推薦的方法。透過實驗顯示，**據說在執行『障礙計畫』兩個星期之後，即使工作的突發狀況超過整體勞動時間的二〇%，生產性也不見降低。**

換句話說，以工作時間八小時而言，即使有一個半小時歷經了突發狀況，生產性也不會因此而降低。真的沒有不做的道理吧。」

春香　「簡直是上班族的福音！我也要負責新人教育，為了安撫這些新人或替他們善後，就不知道花了我多少時間。因為心裡一直很焦急時間不夠用，反而造成生產性降低，真的讓我不知該如何是好呢。」

春香露出問題終於有解的開朗表情。

春香　「而且我被占用的時間不到一小時半，只要做好障礙計畫，看樣子我就可以拿回更多的投資時間了！」

白川 「以我的研究而言，就是『克服突發事件』。當然我一定會馬上在研究所身體力行。」

黑野 「不論是工作還是生活，人免不了會遇到『為什麼是我！』『怎麼會有這種事！』所以制定這些計畫也是如何克服逆境的方法。」

● 時間之神的教誨

- 在事前寫下可能會發生的麻煩事。並事先決定好處理方法。

18 賦予行動力的「日常指標」（Daily Metrics）

黑野　「那麼接下來是最後的部分了。這部分不需要影像，因為改善重點就在這個房間裡。」

白川　「難道我的房間出了什麼問題？」

黑野　「還不到問題的程度，但有幾點掌握了提升行動等級的關鍵。那麼，接下來就依照慣例……」

黑野站起身來，伸出手指在所長室繞了一圈，大聲喊出「質詢時間」。

白川和春香也環視了整個房間。

黑野　「怎麼樣？青井同學有沒有發現麼什麼？」

春香　「這裡和老師的研究室差太多了。物品都井然有序，白川先生的辦公桌面也整理得很清爽。連白板也不忘寫上**『現在把目標放在哪裡？』**而且放在這麼顯眼的位置，實在是無可挑剔。」

黑野「沒錯，白川在白板上寫著他目前追求的目標。可以請你把目標唸出來嗎？」

白川「**『在二〇××年之前，開發出思考能力不遜於成人，並配備運動能力的仿真機器人』**。」

黑野「青井同學，妳覺得這個目標怎麼樣呢？」

春香「老師居然問我覺得怎麼樣？這個目標太遠大了，對我來說是另一個世界的話題。」

黑野「說的也是啦。白川自己覺得怎麼樣呢？有把握可以得到這個結果嗎？」

白川「那還用說！……我雖然是很想這麼說啦，但是最近研發的進度不如預期，所以我必須承認，我有點擔心……」

黑野「不用擔心，一定沒問題的。因為現在的你自信略顯不足，就由我來為你加油打氣，讓你重拾信心。」

說完強而有力的這段話，黑野在白板上寫下

「在二〇××年到來之前還有五年」。

黑川「白川，請問一年通常有幾個星期？」

白川 「一般是五十二週。如果遇到閏年就是五十三週。」

黑野 「你說的對。那麼五年共有幾週？」

白川 「一共是兩百六十週。」

黑野 「聽到這個數字，和剛才相比，覺得和目標的距離感有變得不一樣嗎？」

白川 「感覺變得比較近了。有一種『我非做不可！』的感覺。」

黑野 「對吧。那麼五年有多少天呢？」

白川 「一千八百二十五天。」

春香默默聽著兩人的對話，同時也幾度朝向立刻算出精準數字的白川投以崇拜的眼光。

黑野 「和『還有五年』比起來有哪裡不一樣嗎？」

白川 「我覺得還有一千八百二十五天更有時間有限的感覺呢。」

黑野 「沒錯，全部都是五年，但是為何聽起來的感覺就是不一樣呢？

其實我現在告訴你的就是所謂的**『日常指標』**。目前已經證實，只要改變時間單位，人的行動也會跟著改變。簡單來說就是**提升行動等級**。

和『還有五年』相比，『剩下兩百六十週』『剩下一千八百二十五天』的說法，是不是對時間的量更有切身的感受呢？」

春香默默的點點頭。

黑野 「青井同學妳之前也說過『我要在一個半月後簽下新的大訂單！』如果把時間改成以天為單位，妳覺得會發生什麼事呢？」

春香 「一個半月後，就是四十五天後。若是改成以天為單位，我覺得每天都會過得更精實。」

黑野 「是吧？事實上，這種心理效應已經獲得驗證。密西根大學等研究團隊進行了這樣的實驗，他們向受試者詢問該從何時開始儲蓄以備老後退休。

他們要一半的受試者想像三十年後退休的自己，要剩下的另一半受試者想像一萬九百五十天後退休的自己。

結果，**據說以天為單位的受試者，比以年為單位的受試者，開始儲蓄的時間竟然提早了四倍。**」

春香 「太厲害了！老師，一定要以天為單位嗎？

剛才聽了白川先生五年後的目標，我覺得兩百六十週聽起來比一千八百二十五天更有限。」

白川 「老師，我剛好相反。我覺得一千八百二十五天感覺比較有限。」

黑野 「很好。我先說結論。

重點在於**『使用對自己而言最有現實感的單位』**。

所謂的研究結果，只是表示有這樣的傾向存在。並不是每個人都如此。

所以，想想**『自己屬於哪一種？』**再決定使用哪一種單位以達到提升行動等級，才是正確的作法。」

春香「這樣嗎？那我也可以以週為單位囉。」

黑野「是的。青井同學可以用週為單位，而白川可以用天為單位。」

白川連連點頭稱是。

黑野「還有，**即使是同一個人，也應該依照任務的種類調整時間單位。有時以天為單位比以週為單位好，但也有反過來的情況。**」

春香「真的耶。我覺得人**對時間的感覺可能因任務而異呢**。

以資格考試來說，比起倒數三個月、十二個星期，剩下八十四天的說法更讓我覺得時間緊迫，但如果是離暑假還有六個月、二十四週、一百六十八天，二十四週的講法則會讓我覺得最近。」

在春香發表意見的這段時間，黑野也在白板上畫了一張表格。

把一個月當作四週計算後所剩的天數

		1週	7天
		2週	14天
		3週	21天
	1個月	4週	28天
	2個月	8週	56天
	3個月	12週	84天
	4個月	16週	112天
	5個月	20週	140天
	6個月	24週	168天
	7個月	28週	196天
	8個月	32週	224天
	9個月	36週	252天
	10個月	40週	280天
	11個月	44週	308天
1年	12個月	48週	336天
2年	24個月	96週	672天
3年	36個月	144週	1008天
4年	48個月	192週	1344天
5年	60個月	240週	1680天
10年	120個月	480週	3360天
20年	240個月	960週	6720天
30年	360個月	1440週	10080天

黑野「為了方便計算，我把一個月都當作四週，所以多少會有誤差，但是做成這樣的表格一看就很清楚吧？」

春香「一看就懂！我要拍下來。」

白川向黑野低頭道謝。

白川「謝謝老師。不只研究員，這下連我的煩惱都一併解決了。而且老師教的都是馬上能夠執行的方法，果然找老師商量是對的。」

黑野「只要有煩惱，隨時都可以找我商量。我想青井同學也獲益匪淺吧？這種寶貴的機會可不常有，一定要確實付諸行動啊。」

●時間之神的教誨

・使用感覺上離目標較低的時間單位來管理剩餘的時間。

19

多工處理根本不存在

T實之行過了幾天之後。

謎之影「春香那個女孩子，應該對你教她的內容已經理解了不少吧？」

黑野「你怎麼又突然現身，看樣子是很閒吧？如果有那個時間和我閒聊，不如大發慈悲，多給人類幾次機會怎麼樣？」

謎之影「就是為了這件事我才跑一趟啊。我就是想給春香那個女孩子一個機會啊。」

黑野「妳說要給青井那孩子？」

黑野的眼睛一亮。

謎之影「嗯，先讓我觀察她一段時間吧。那我先走啦。」

影子說完我消失了。

人在公司的春香陷入了沉思。

春香　「老師都特地帶我去一趟T實了，一定要好好運用所學，不能辜負老師的好意。該怎麼增加投資時間，提升行動等級呢……」

春香立刻實踐黑野在T實說明的內容。

她首先執行的是**『障礙計畫』**。

在春香制定的幾個障礙計畫中，首先奏效的是這項。

・突然有人來電時，一律以稍後回電的方式處理。

好不容易能夠把寶貴的時間投資在自己想要的結果，要是停下手邊的事去接電話，就會損失投資時間。而且她也很清楚因為工作被迫中斷，很可能導致專注力下降，連行動等級都跟著打折扣。

另外她也發現，每次以黑野傳授的「找出不會出問題的最低底線」的觀點進行思考時，幾乎不曾接到必須立即回覆的緊急來電。如果是真的很緊急的重要電話，對方應該會再度來電，而且會告知接電話的人是「緊急來電」。

春香的障礙計畫如下列兩項。

第一是**拜託辦公室的同事們，只要接到指名要找自己的電話，一律宣稱不在，並向對方表示會稍後回電。**

第二是**把手機設定成休眠模式，而且將推播設定為不通知。**

築了這兩道防火牆後，春香就不必擔心自己的時間會被人剝奪，可以優先處理眼前的要務。待時間投資完畢，再回電給對方。

春香「執行了老師教我的障礙計畫後，我覺得和以往相比，現在可以更專注於工作。但我投資在工作上的時間並沒有改變，太厲害了。

當然，我的手機在上班時間一直收在辦公桌最下面的抽屜。

我環視了整個辦公室，心想還有沒有可以改善的空間，結果我想到一件事。」

春香「只是把連絡的時機改成等到我方便的時候，就明顯改善了提高工作的專注力，那麼比照這個模式，等到自己方便的時候再回覆每天如此海量的郵件，應該也不會出問題吧。」

春香拿出筆記本，寫下新的障礙計畫。

・方便的時候再回郵件。

春香「迫不及待想試試看了。不知道結果會是如何？如果試辦的結果不錯，再向老師報告。」

＊＊＊

幾天後，春香像平常一樣，不先敲門就直接踏入研究室。

春香「老師辛苦了。我今天帶來了慰勞品！是老師最愛吃的甜甜圈喔。」

黑野「妳這個人可真機靈啊。本來想罵妳又沒有先約時間就不請自來，但看在甜甜圈的分上，今天就算了。」

黑野的手迫不及待地伸向甜甜圈。

春香「老師，我今天是來和你對答案的。老師教我的內容，我都有一一實踐，而且感覺很不錯。老師想聽我的報告嗎？」

黑野「怎麼啦？今天怎麼一副自信滿滿的樣子。既然妳都這麼說了，那我就洗耳恭聽。」

黑野從盒子裡拿出春香買來的甜甜圈，一邊喝著紅茶一邊聽著春香報告。

幾十分鐘後。

春香　「……大概就是這樣的感覺。總之，試了以後真的變輕鬆了。老師覺得我保護自己投資時間和維護行動等級的表現如何？」

黑野　「我覺得妳想到的點子很不錯，而且很合理。」

黑野的嘴巴塞滿了甜甜圈，看似一臉享受的樣子，然後他配著紅茶吞下甜甜圈。

春香　「太好了。我的想法是對的。」

黑野　「沒錯。而且妳還能從不必即時通話的經驗，衍伸到不必立刻回覆郵件，真的是很棒的舉一反三呢。」

春香　「多謝老師誇獎。其實我們公司有些人會一收到郵件馬上回。本來我覺得『能夠立刻回信真有效率』，但後來發現，如果太堅持一定要馬上回覆，重要工作的效率和品質反而會下滑。」

黑野　「原來如此。」

春香　「所以，那位同事的評價就變得不怎麼樣了……。我想這就是老師曾經說的『如果不把有限的時間投資在有助於開花結果的事，就不可能得到想要的結果』。」

春香拿出自己的那個甜甜圈。

春香　「我想要的結果是『不會倦怠、有意義的人生』，但我覺得立刻回覆郵件對達到這個結果沒有幫助。

而且只要對方來信就停下手邊的事情回覆，不但會降低對眼前工作的專注程度，連行動等級也會下滑。」

黑野　「所以妳決定怎麼做呢？」

春香　「我按照老師傳授我的方法，仔細想想有關回覆郵件的最低底線是什麼。我很確定不論是哪一種郵件，只要趕在當天回覆都不會出問題。

所以我決定利用午休一結束和下班前的時間，一天固定收發郵件兩次。」

黑野　「這樣的規劃很棒啊。順便請教一下，為什麼妳會挑這兩個時間呢？」

黑野感覺到春香這麼做的用意，所以進一步追問。

春香　「老師真內行啊，馬上問到重點。我覺得自己的行動等級在上午的表現比較好。我也不太會形容，大概就只是不覺得累吧……。所以一定要利用精神狀態最好的上午進行商談或製作簡報用的資料。我想這麼做才能得到我要的結果。

所以，我認為午休剛結束，還有點睏，並且一天工作下來，身體快要沒電的下班前是最適合回覆郵件的兩個時段。」

黑野　「一百分！我覺得妳做得特別好的地方有兩點。

第一點是**發現到工作時停下來接電話會降低行動等級**。

第二點是**妳把回覆郵件的時間改成一天兩次**。」

春香　「聽到老師的稱讚，我真是受寵若驚啊。」

春香邊吃著甜甜圈，邊開玩笑的這麼說。

黑野　「第一點的『工作時停下來接電話會降低行動等級』，談的就是**多工與單工**。請問講到多工妳會想到什麼？」

春香　「我會想到同時負責好幾個專案，或同時進行好幾個業務。」

黑野　「具體來說，就是參加A專案的線上會議，手邊還做著B專案的會議資料嗎？」

春香　「有點不一樣。我覺得多工是剛開完A專案的會議，馬上趕著參加B專案的會議，然後接著立刻製作C專案的資料，最後還要利用郵件支援負責D專案的成員。」

黑野　「原來如此。青井同學，妳知道就**同時進行的意義而言，所謂的多工根本不存在嗎？**」

春香　「不存在？」

春香好像不了解這句話的意思。

黑野　「史丹佛大學的神經科學家艾歐奧菲爾博士也說過『腦一次只能做一件事。所以人類根本沒有多工這回事，只是做了工作切換。也就是從現在做的工作，換到另一件工作』。」

春香　「確實有道理。如果能使用分身術，或許另當別論，但人本來就不可能同時間做很多事。」

黑野　「妳說的對。而且透過哈佛大學的研究也證實了，『不會經常切換工作的人，工作表現愈高』。其實只要稍微思考就知道這是理所當然的結果。能夠集中精神處理一項工作，比起一直改變工作內容，行動等級一定更高。」

春香　「所以認為『如果一直切換工作，好像會容易疲憊，造成行動等級下降』是正確的。要盡可能減少切換工作的頻率……」

春香把最後一口甜甜圈塞進嘴裡，開始記筆記。

春香　「老師，我可以問你一個問題嗎？

我知道最好不要一直切換工作，但是工作的內容包山包海就是我們上班族的宿命。遇到這種情況該怎麼辦呢？」

黑野　「妳不是已經在這方面下工夫了嗎？」

春香　「我只有盡量把同性質的業務安排在同一天進行。雖然做的是不同專案的事，但基本框架都大同小異……」

黑野　「以青井同學的情況來說，大概就是星期一固定只處理A客戶相關的業務吧。大抵不脫製作資料、開會等，就算工作項目不同，起碼都和A客戶有關，所以可以**減輕腦部切換工作時的負擔**。簡單來說就是減少轉換的次數。」

春香　「原來是這樣！也就是說，把業務內容分門別類，各自集中在某一天執行，就可以減少轉換的次數對吧。

例如我可以自己決定『今天一整天都是外勤』。雖然跑的客戶不同，但都一樣是跑業務，那我就不會覺得工作內容一直變來變去。」

黑野　「我覺得這個方法可行。根據前面提到的哈佛大學的研究，**生產性低的員工，一天切換的次數居然多達五百次呢**。相形之下，青井同學實在太優秀了。」

春香　「自從接受老師的指導以後，我的想法也出現很大的轉變。我以前只會想著如何在有限的時間塞進更多的工作。」

黑野　「現代人好像都和妳差不多。」

春香　「但是托老師的福，我的想法已經轉變成『這麼多的業務可以簡化到何種程度』，或者說『這些對我想要的結果沒有幫助的業務，只要做到不會出問題的最低底線是什麼』。」

黑野　「有這樣的轉變很好。**畢竟時間有限，不可能把每件事都做得盡善盡美。但就是因為想著要**

做到最好，才會一直嚷著『時間不夠！』而且人是貪心的，如果能夠有效率的完成工作，就會想要塞進更多工作。但是這種對效率無止境的追求，不可能讓人獲得真正的幸福。」

春香　「您說的是上課以前的我呢。」

黑野　「是啊。如果青井同學依然故我，說不定妳的目標就不會是『想要的結果』，而是『如何在有限的時間裡完成更多工作』。**時間就是生命，我實在無法接受投資了這麼寶貴的時間，最後得到的結果竟是『盡可能完成更多工作』**啊。」

黑野一臉哀怨地看著空空如也的甜甜圈盒。

黑野　「已經沒有甜甜圈了……。沒辦法，我只好拿出我的庫存了。」

說完之後，黑野從自己的抽屜拿出一盒甜甜圈。

春香　「老師自己明明也買了一盒！早知道我就不買了。」

黑野　「別這麼說。妳的心意讓我很感動呢。」

黑野從盒子裡拿出波堤甜甜圈，並露出難以言喻的幸福表情。

黑野　「啊，真好吃。看到波堤甜甜圈讓我想到另一件事，妳知道什麼是『隧道效應』嗎？」

春香　「第一次聽到。」

黑野　「『隧道效應』是行為經濟學等領域在全世界廣泛運用的概念。簡單來說，**當我們陷入『沒**

時間！』『沒錢』等窘迫狀態，處理能力就會顯著下降的現象。

如果工作排得太滿，我們就會因為『沒時間！』而變得只在乎工作效率，不但造成判斷力下降，連創造力也跟著下滑。」

春香　「老師可以說得清楚一點嗎？」

黑野　「所謂的追求工作效率，意思就是在期限內完成大量的工作。換句話說，一天要歷經多次的工作切換。這麼一來，工作表現當然會下降。到這裡妳都能理解吧？」

春香　「對耶。如果想要在期限內完成大量工作，就會不斷切換工作內容。因此工作表現下滑，造成生產性低落的結果。」

春香似乎想靠著至今所學的知識，一點一滴的融會貫通。

春香　「現在我確實能夠了解，但若是在接受老師指導之前，別說找出不至於出問題的最低底線，恐怕我心心念念的都是要把事情做到最好，所以我追求的是效率，也就是『如何在期限內做完？』現在想來還真是可怕啊。另外我想知道的是，所謂工作表現下降，是退步到什麼程度呢？」

黑野　「我想一下喔……例如若是熬夜一整晚，隔天還是照常上班，工作表現一定會變差吧。」

春香　「如果熬夜一整個晚上，隔天一定是累到無法集中精神吧。工作表現會降到什麼程度，這點也可以透過研究知道嗎？」

黑野「沒錯。行動科學的權威——芝加哥大學的森德希爾．穆拉伊特丹教授曾做過相關研究。根據他的研究結果，當人企圖在有限的時間完成大量工作，就會陷入隧道效應，造成判斷力下降。每個人的智商平均會暫時降低十三分。這裡所說的『智商降低十三分』，就是剛才說的『熬夜一整晚後工作表現下降』。」

春香「居然有這種事！果然我應該追求的不是效率，而是『究竟想從自己投資的時間中獲得什麼樣的結果』，真希望回到過去搖醒當時的我。」

黑野「說的好。不過現在開始做也不遲啊。妳要好好感謝我這個老師才是。以後如果要囤貨，可別選擇工作，選甜甜圈就對了。如果擔心吃不完，歡迎來找我。」

春香「老師，想吃甜甜圈就直說，不再拐彎抹角啦。」

●時間之神的教誨

・盡量減少切換工作的次數。

20 優秀人才辭職的「真正理由」

春香「對了，老師，最近公司發生一件讓我很在意的事。」

春香喝了一口紅茶。

春香「和我同部門的王牌前輩上個月辭職了。這也就算了。我昨天才聽同期同事說，連隔壁部門的王牌前輩，好像也只做到這個月。我們公司是不是出了什麼問題？」

黑野「原來是這樣啊。既然妳都說那兩位是王牌了，可見他們的工作表現很亮眼囉？」

春香「那還用說！他們的表現有目共睹，訂單一張接著一張簽，超級厲害。」

黑野「那真的很厲害。我想這種人才在公司也很受到器重吧。」

春香「那是一定的。他們各自在同期中都是第一個得到升遷。明明留在公司的前途都是一片光明，為什麼都辭職了呢？重點是沒有人知道詳細的理由。」

黑野「我知道為什麼部門的前輩會辭職喔。」

春香「什麼?原來老師認識那位前輩?」

黑野「沒有,我不認識。」

不知為何,黑野一臉自信,說得斬釘截鐵。

春香「既然不認識,老師為什麼知道人家辭職的理由呢?」

黑野「我好人做到底,不只你們部門的前輩,連隔壁部門前輩離職的理由都可以告訴妳。」

春香「這太不可思議了。」

黑野興味盎然地看著春香。

春香「老師別裝了。你其實認識我們隔壁部門的前輩吧?」

黑野「我怎麼可能認識?」

春香「既然不認識,那怎麼能說得這麼果斷!」

黑野「這個問題再簡單不過了。妳說這兩位都非常能幹對吧?如果是這樣的人,我相信他們在公司一定滿腹牢騷,常常開口抱怨吧?」

春香「完全被你說中了!我們部門的那位前輩經常在課長聽不到的地方抱怨『我怎麼會這麼勞碌命啊?給我多少時間都不夠』。」

黑野「果然是這樣啊。其實，**生產性愈高的人，對公司的向心力也愈低呢**。」

春香「第一次聽到生產性愈高的人，對公司的向心力愈低這種說法。」

黑野「美國有一間叫Leadership IQ的公司，針對全美二〇七間公司員工對企業的向心力與績效數據進行配對。最後發現有高達四十二%的公司都得到**『生產性愈高的人，對公司的向心力愈低』**的結果。」

春香「原來還有這樣的研究啊。不過，老師不覺得很奇怪嗎？生產性高的員工，一般不是會很受公司器重嗎？不但升遷快，領的薪水又比別人多，不是應該對公司更有向心力嗎？」

黑野「原來妳是這樣想，或許是因為已經告訴妳正確的時間用法和投資方法，所以反而讓妳搞不清楚了。

要說為什麼生產性愈高的人，對公司的向心力反而愈低……」

黑野拿起手邊的便條紙和原子筆，開始畫圖。

黑野　「生產性高的優秀人才，做的事比一般人多。俗話說能者多勞，愈是能幹的人，被交付的工作也愈多。

問題在於，就算這些能幹的人很快完成工作，新的任務也馬上接踵而來。最後陷入惡性循環。

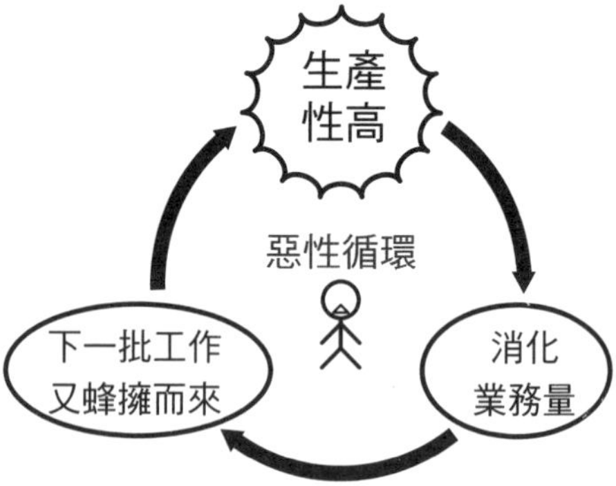

如果這樣的情況遲遲不見改善，無論工作表現再傑出的人也會受不了。」

春香　「一旦陷入這種惡性循環，真的是沒完沒了呢。拜老師所賜，我現在總算把時間投資在對的地方，其他部分就做到不會出問題的程度就好。這樣的改變讓我的私人時間增加了。我也練習可以如何拒絕別人，所以我現在不是工作不減反增的最大苦主了。」

黑野　「能力強的人會不斷被託付新的工作，所以永遠忙個不停。如此一來，當然難以維持對工作的熱情，對公司的不滿也與日俱增。就算在公司備受器重，也難消『只有我的工時特別長』『重擔都我一個人扛』的不平，所以遞上辭呈只是早晚的事。」

春香　「如果一個人努力完成大量工作，最後換得的是被交付更多的工作，就永遠無法擺脫被時間追著跑的狀態，會對公司心生不滿也是很自然的反應吧。只是我覺得很悲哀就是了……。該怎麼做才能得到回報呢？」

黑野　「最好的回報就是讓他們變成第二個青井同學。

抱著『時間就是投資。每天投資的時間都是自己的餘生』的認知，確保自己的時間能用於想要的結果，不再要求事事完美。決定自己的人生究竟想要的結果是什麼，並朝著目標勇往直前。

但是我活了大半輩子，知道這麼想的人畢竟只是少數。因為大家都很忙，幾乎不會有人像青井同學一樣，停下來靜心思考。」

春香　「因為我也是過來人，很了解那種捨不得抽出時間的心情。當然啦，如果把時間視為一種存款，就一定要先存起來才行。」

黑野　「哇！妳真的成長不少呢。」

春香　「老師不要那麼小看我！我來研究室的次數都多到數不清了。」

雖然是玩笑話，但春香的臉上充滿自信。

春香　「不過到頭來，我們也只能接受『只有自己能保護自己』的現實了吧？」

黑野　「要這麼說也是。這也是為什麼我要教妳這些。」

春香　「老師別把話講得那麼冷漠無情啦。老師教的內容又不是每個人都能接受。之前有提到我也負責新人教育。其實我只是想先知道，如果我帶的新人很優秀，導致公司不斷派工作給他，讓他忙到永遠覺得時間不夠用，長久下來對公司也愈來愈不滿，那我該怎麼開導他呢？」

黑野　「原來是這樣啊，那我收回剛才說的話。方法很簡單啊，只要把我傳授給妳的內容教給新人就好了。」

春香　「這個道理我當然懂。只是在想有沒有更簡單、更鏗鏘有力的一句話，讓人聽了有一種開啟明燈的感覺……不過，沒有這麼好的事對吧？」

春香頑皮地看了黑野一眼。

黑野 「妳想的真美。」

春香 「既然您是可以教出日本最年輕銀行總裁、日本最聰明大腦的神仙級大師，我還以為您一定有辦法呢。如果您願意，是不是可以替我指點迷津呢？」

黑野的弱點就是對花言巧語沒有抵抗力。

黑野 「實在拿妳沒輒呢。那我就教妳吧。

最好的方法就是青井同學把從我這裡學到的，原封不動教給新人，但如果沒那麼多時間慢慢來，救急的方法就是幫對方找出公司有哪些地方值得他喜歡。」

春香 「公司值得他喜歡的地方？」

黑野 「是的。具體來說最好是公司對社會大眾的貢獻、能夠使誰受益、公司的方針等等。」

春香 「就是要讓他喜歡公司對嗎？」

黑野 「有一點不一樣。我要表達的是**『要讓公司所重視的事情，與包含新人在內的員工所重視的事情是一致的』**。」

春香 「老師的說法我有點不太懂。講法和讓對方喜歡上公司哪裡不一樣呢？」

黑野 「完全不一樣啊。我說的是讓公司和員工在乎的價值變得一致。」

說完之後，黑野站起身在白板上畫圖。

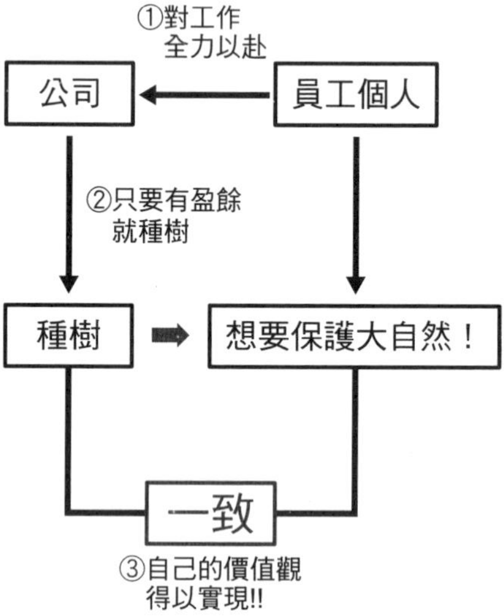

黑野　「假設妳是一個『想要為保護大自然盡一己之力』的人，而公司又制定了『只要每賺一百萬元就種一棵樹』的決策，妳覺得怎麼樣呢？」

春香　「原來老師是這個意思啊。想把工作做得更好的意願或許會增加一點點。」

黑野　「是吧？只要想到『努力工作就能為保護大自然貢獻一點力量！』相信就算工作繁忙，也不會降低對公司的向心力吧？」

春香　「老師，這點該不會也可以套用人生的公式說明吧？」

或許是常常被黑野督促「妳要多回想之前學過的內容，而且要能講出來」，春香現在也愈來愈懂得舉一反三了。

黑野　「那麼請青井同學說明看看吧。」

於是，春香便代替黑野站在白板前，寫下人生的公式以及應用式。

【人生的公式】

可得到的結果（目標）＝投資的時間×行動等級

【人生公式的應用式】

公司重視的價值＝（自己）想要的結果＝投資的時間×行動等級

春香　「知道自己和公司有共同想要守護的價值的人，即使工作再忙，但只要自己努力，就能確實從投資自己的時間，獲得想要的結果。所以再辛苦也不會降低對公司的向心力對吧！」

黑野　「妳說的很好。」

黑野的讚美讓春香覺得很開心。

春香把剛才公式中連結「公司重視的價值」與「自己想要的結果」的「＝」改成※記號。

公司重視的價值　※　（自己）想要的結果　＝　投資的時間　×　行動等級

春香　「相反的，當員工把寶貴的餘生時間投資在工作，卻得不到自己想要的結果，對公司和工作的認同感都會下降。所以，只要讓員工知道如這個人生公式所示，原來『我現在投資的時間對將來想得到的結果有幫助』，緊急處理就算完成！就是這樣吧。」

黑野　「一點都沒錯。」

春香　「但我還有個問題。舉種樹的例子很容易理解，但是自己的價值觀和公司有那麼容易有志一同嗎？」

黑野　「真不敢相信妳剛才居然這麼說。你們在找工作的時候，難道都不打聽對方是什麼樣的公司，再決定要不要去上班嗎？」

春香　「理論上是這樣沒錯，但實際進入職場以後，價值觀不也有可能轉變嗎？而且也不是每個人都能如願進入自己想去的公司。」

黑野　「妳說的也有道理。不過與公司志同道合這點，我倒是還可以舉出幾個例子。像是……」

- **運動迷**　→　公司成為自己支持球隊的贊助商
- **藝術愛好者**　→　公司有出資，參與美術館的營運
- **重視教育**　→　公司有投入支持教育的事業
- **喜歡自己居住的社區**　→　公司有從事對地方有貢獻的活動和事業
- **對志工活動有興趣**　→　公司有投入救災支援等

春香　「看到這麼多具體的例子，我更有概念了。員工的價值觀和公司懷抱的信念確實有可能很契合呢。」

黑野　「不過，還是有一個美中不足的問題。企業會對外宣傳自己參與的活動，但不一定會很積極的對內公告。所以**員工不能被動等待公司告知，而是要主動出擊，積極尋找『我們公司到底重視什麼』**。」

春香「沒錯！老實說，我根本不知道我們公司重視的是什麼，又對社會做了哪些貢獻。可是，透過自己的調查，確認『公司重視的價值』＝『自己想要的結果』，就可以知道工作的時間，最終都會換成為了得到想要結果的時間。」

黑野「說明得非常好呢。看樣子妳也理解了人生的公式。進步了很多呢。」

黑野看起來非常滿意。

●時間之神的教誨

・找到自己與公司的共同價值觀。

21 如何運用剩下的時間

春香走出研究大樓後，黑野的表情變得稍微嚴肅了些。

謎之影　「時間差不多到了。」

謎之影又不知從哪裡悄悄的現身。

黑野　「是啊。時間差不多了。」

＊＊＊

春香今天也不受電話干擾，能夠集中精神的工作。

同事　「青井小姐，剛才綠色公司來電。

他想問妳下星期開會的事，我像平常一樣告訴對方『妳稍後回電』。」

春香　「啊、謝謝……咳咳咳……」

同事　「妳還好嗎？妳已經咳很久了呢。」

春香正想開口說自己不要緊，卻還是咳個不停。

同事　「我看妳很不舒服的樣子，今天早點下班去看醫生吧。我會幫妳和課長說一聲。」

春香　「謝謝妳。那我今天就早點下班去看醫生好了。」

春香在同事的堅持下，或許再加上連自己也覺得不對勁，露出不安的表情去了醫院。

為了保險起見，她在醫院接受了各種檢查，最後醫生要她一個星期後複診。

＊＊＊

之後過了兩個星期。

黑野收到了一封ＬＩＮＥ的訊息。

春香　老師，謝謝您平常對我的指導。

拜老師所賜，我現在可以集中精神做自己想做的事。
我恐怕有一段時間不會去拜訪您了。
但是我會按照老師的教誨繼續努力，老師無須掛念！
再次感謝您。
我一定會與老師聯絡。最後提醒老師不要吃太多甜甜圈喔。

黑野　「原來她決定這麼做啊。」
黑野握著手機，一直凝視著手機的畫面。

＊＊＊

之後過了半年，春香仍然沒有再次造訪黑野的研究室。
不過，黑野久違的收到春香傳來的訊息。

春香　老師，好久不見了。看樣子我可以如願以償得到想要的結果，所以我想和老師見個面，順便向老師報告一件事。不曉得老師最近可以抽空嗎？我什麼時候都有空，請老師確定時間再連絡我。

黑野 好久不見了。妳居然會先預約，真難得。如果我沒記錯，妳之前應該一次也沒先預約吧。

春香 我不能隨便浪費老師餘生的時間啊，所以要預約。如果我去了發現老師不在，那也是浪費了我的時間。

黑野 那我們約下星期五的下午五點如何？

春香 我知道了。我一定會準時赴約。謝謝老師。

黑野嘆了口氣才往椅子一坐，謎之影立刻現身。

謎之影 「她終於和你連絡了嗎？」

黑野 「是啊。就算我已經活了幾萬年，要裝作自己一無所知還是有點勉強啊。真不知道要擺出什麼表情面對青井同學……」

謎之影　「你居然會感傷，真是難得。」

黑野不發一語，持續保持沉默。

＊＊＊

研究室的門被小聲地敲了三下。

黑野　「請進。」

黑野平靜的回答。

春香　「打擾了。」

好久不見的春香看起來消瘦了一些。

她穿著一身以前從未看過她穿過、強調腰線的粉藍色及膝洋裝。

黑野　「妳今天好像特別端莊呢。怎麼會想到要先預約呢？」

黑野努力維持以往的態度。

他向春香遞出紅茶好讓她快點在老位子坐下來。然後他自己也坐了下來。

黑野「好啦，妳今天還要和我說什麼呢？」

黑野啜飲了一口紅茶。

春香稍微深呼吸後抬起頭，直視著黑野。

春香「老師，可以先答應我一件事嗎？請聽了不要吃驚，也不要同情我。」

黑野「妳今天是怎麼啦？雖然我不知道為什麼會這麼說，但我答應妳。我不會驚訝也不會同情。這樣可以了嗎？」

春香「謝謝老師。」

春香再次大力的深呼吸。

春香「老師，我得了肺癌。半年前醫生說我只剩下一年。」

黑野拿著紅茶沒有喝，一動也不動。

春香「能做的治療我都做了，但目前沒有更有效的治療方法了。所以我大概剩下半年。」

春香一臉坦然，眼神絲毫不閃爍的直視著黑野的眼睛。

黑野很想開口說點什麼，但實際面對春香時卻什麼話也說不出來。

春香「請不要露出那麼凝重的表情。我今天專程來是想向老師道謝，完成我的『想要的結果』。」

黑野「妳的意思是？」

春香「老師，當我聽到醫生說我只能再活一年，老實說我幾乎要自暴自棄了。我心裡一直想著『為什麼是我？好不容易才向老師學到了時間的用法，赤坂先生和白川先生也指點我很多。為什麼就在我想好好運用人生的時間，得到想要的結果時，偏偏……』」

黑野回憶起至今為止與春香間的你問我答。

春香「我也曾經想要放棄，覺得一切都無所謂了。但是讓我懸崖勒馬的，是老師對我的教誨。」

春香似乎也想起至今與黑野的種種互動。

春香「我想起老師曾經告訴我**『我們每天投資的時間都是不知道何時會終結的餘生』**。我已經知道自己剩下的時間還有多少，所以不能再浪費時間自怨自艾、自暴自棄了。我告訴自己用這種方式投資時間，不可能得到我要的結果，於是我終於振作了起來。所以我內心只有滿滿的感激。」

黑野「……實在太不簡單了，青井同學。」

黑野想到春香這半年來的心路歷程，不禁對她充滿敬意。

春香「老師你以為我是誰啊？我可是你的得意門生啊。」

春香怕黑野擔心而故作堅強的姿態，讓人看了不心疼也難。

春香「其實我也沒那麼厲害啦，也是花了一段時間才振作起來，因為意識到了『妳不能這樣下去！妳打算浪費所剩不多的時間嗎！』的嚴重性。」

或許是情緒突然湧上心頭，春香的嘴角微微扭曲了。不過，她馬上用力咬住下唇，繼續說。

春香「老師，我剩下的時間有限。所以我按照老師教的，捫心自問『現在把目標放在哪裡？』我的答案是『臨死之前，要當面向我想感謝的人道謝』，還有『約已經翻臉的朋友見面、破冰』。我決定利用治療空檔，而且身體狀況還能夠負荷的時候進行，所以這半年我見了家人、朋友和照顧過我的人，親自向他們表達感謝之意。」

黑野「……原來是這樣啊。妳做了很有意義的事呢。」

春香為了壓抑即將滿溢的情緒，稍微抬起原本低垂的頭，直視著黑野。

春香「正如我剛才所說，等到今天才來向老師道謝，是因為我打從心底感謝老師。托老師的福，我不會虛度剩下的人生，能夠把這半年的時間投資在自己想做的事情。我想等到確實實踐老師的教誨，再來見老師一面……還有我也不想讓老師替我擔心……」

黑野「青井同學……」

黑野為了不讓自己流露出感傷的情緒，拚命壓抑自己的情緒。

春香　「不過，真的如老師所說的呢。突然知道自己的餘生只剩下一年，想要在工作做出好成績這件事馬上被踢出優先名單。如果做的事能夠流芳後世的人，或許想法會有不同，但我認為與其在工作崗位上繼續努力，更重要的是向大家表達我的感謝。」

黑野　「妳選擇這麼做也很好。每個人心目中的重要大事都不一樣。自己的幸福要以自己的標準，而不是別人的標準決定。一旦決定目標就投入時間。這樣就不會留下遺憾與悔恨。」

春香　「就是啊。就算把剩下的生命投入工作，也不可能延長壽命。」

黑野　「說的也是。」

春香　「來日不多的事實突然被擺在眼前時，想法真的會改變呢。我現在會不斷替每件事排定優先順序。我已經完全捨棄非把每件事做好的想法。我想的只有一件事，就是『如何把時間投資在對自己很重要的事情』。

明明我和半年前的我是同一個人，也不是某一天突然變得身懷絕技，想想實在是不可思議。」

春香從椅子站起身，慢慢的走到窗邊望向窗外。

春香向黑野立下誓言是一年前的事。那時是櫻花盛開的季節，相形之下，今天的櫻花差不多要開始謝了。

春香　「不論看幾次，我都覺得櫻花好美喔。不過，我覺得今天的比平常更美……」

小聲說完這句話後，春香再次面向黑野。

春香　「老師，即使只剩半年，我也會想想自己想要的結果，身體力行。我想和爸媽悠閒的吃頓飯，也想就近來趟小旅行，所以下次要隔一段時間才能來看您了。老師，即使會寂寞也請您忍耐唷。」

春香再次背對黑野，看向窗外。眼中倒映著櫻花的春香流下了淚水。她轉過身去，是不希望被黑野看到自己正在流淚。

黑野　「說我會寂寞？妳還真是愛說笑呢。……不過，歡迎妳隨時回來。」

黑野的這句話，讓春香的淚水如潰堤般直湧而出。春香依然背對著黑野，開口說道。

春香　「老師，這麼溫柔體貼，未免太不符合平日的作風了。我本來想表現得像平常一樣，都是您害我流眼淚了……」

春香想強忍哭泣的念頭與滿溢的情緒交加的聲音，在研究室微微響起。

春香再次向黑野道謝，說了句「我一定會回來」，接著想和黑野碰拳。不料，黑野逮著了機會報一年前之仇，學當時的春香避開了。

黑野　「呃、這是什麼儀式嗎？」

黑野說完這句一年前的春香也曾說過的話，重新向又哭又笑的春香伸出手。

黑野「老師會等妳的。」

兩人輕輕的碰拳後，春香離開了研究室。

＊＊＊

謎之影「你其實從一開始就知道事情的發展，所以才教那個女孩子運用時間的方法嗎？」

春香離開研究室後，謎之影再度現身。

黑野「這次又是什麼事？」

謎之影「別裝蒜了，克洛諾斯。」

黑野的真名是時間之神・克洛諾斯。

謎之影「身為神的我們本來就看得到凡人還有多少日子可活。你不是也看了生死簿，知道她的時間所剩無幾嗎？」

謎之影指了指放在黑野桌上的黑色筆記本。

黑野「……我只是不想後悔。」

謎之影　「後悔什麼？」

黑野　「我只是不希望當她聽到醫生宣告自己只剩一年可活，然後變得自暴自棄，虛度了寶貴的時間。我希望她過完這一生，能夠留下讓她覺得活著真好的事物。

所以我才會搶在醫生宣告之前，指導青井同學如何使用時間的方法。再怎麼說，她都是我的寶貝學生。」

說完之後，黑野陷入沉默。

謎之影打破了沉默。

謎之影　「不過你真正想要的，不是這個吧？」

黑野　「這句話是什麼意思？」

謎之影　「少裝傻。我又不是第一天認識你，我已經和你認識幾萬年了好嗎？」

黑野　「好吧，你到底要說什麼？」

謎之影　「那我就打開天窗說亮話吧。你說不想因為看到她虛度人生最後的時光而後悔，我相信這是你的真心話。

不過，另一個目的是讓我認識這個名叫青井春香的人類女孩吧。你以為只要全心全力的教她如何使用時間，我就會抱著看好戲的心情靠過來。

然後重點來了。只要身為機會之神的我對這個女孩產生興趣，說不定我就會給她一個延長餘生的機會。這就是你打的如意算盤吧？

因為你知道雖然大家都是神，但是彼此不能對其他神如何使用他的神力說三道四，所以才會費盡心思安排了這套劇本。」

說完之後，謎之影現出真身。

他是一名五官端整，只有瀏海的男子。他就是機會之神「卡伊洛斯」。

黑野「唉，不說我都忘了可以這麼操作呢。不過我說真的，卡伊洛斯，如果想給青井同學一個機會就給，如果不給我覺得也沒關係。正如卡伊洛斯你說的，我不能給其他神下指導棋。」

卡伊洛斯「真糟糕，克洛諾斯你這次布了好大一個局，而我好像不小心陷進去了。不過看樣子，她是一個認真看待自己人生的女孩。我看她這半年的表現，覺得值得給她一次機會。所以她的事接下來就由我接手吧。」

卡伊洛斯輕輕點了點頭，像是在說「接下來就交給我吧」，然後為了追上春香而消失了。

研究室裡只剩下了黑野一個人。

黑野像是為了細細體會這股無以名狀的情緒，慢慢地打開了黑色筆記本。
這本筆記本刻著許多人的名字。
標記在每個名字旁邊的所剩時間也不斷減少。

記錄著春香的那頁被做了記號，還寫了一些註記。

你現在把目標放在哪裡？
↓
延長我的學生青井春香的剩餘壽命

黑野重新從茶壺倒出大吉嶺茶，接著深呼吸以享受茶香。

黑野「一切都進行得很順利。這就是我從一年前開始設定的目標。因為只顧著該怎麼做才好，不但讓研究室亂得像豬窩，甚至還得出遠門超過一個月，耗費了大把時間。但這些投資都是值得的。接下來就看卡伊洛斯會如何幫忙了。」

接著他走到窗邊，眺望著窗外盛開的美麗櫻花。

黑野　「真是太好了，青井同學。這個機會是靠妳認真思考該如何運用等同於自己生命的時間所爭取來的。等妳痊癒了，一定要來找我喔。到那時候，我們再一起賞櫻吧。我可是衷心盼望著這天的到來。」

黑野結束自言自語以後，靜靜地伸出握緊拳頭的右手。

時間之神在人間的名字是黑野優。念法是「Kurono・suguru」Kuronosuguru。Kuronosu、guru。克洛諾斯是同路人。

沒錯，克洛諾斯打從一開始就是站在春香這邊的。

只要用法得當，你的所剩時間，當然也會成為自己的盟友。

●時間之神的教誨

・神時間力就是認真思考生命所剩時間的能力。

結語

臨終時不留下遺憾的人生

感謝讀到最後的每一位。

相信讀到這裡的你，已經得到了「神時間力」，有能力改造自己以往覺得不滿意的地方。

如果是你一定做得到。我確信一定會如此。

原因很簡單。因為我知道只要決定「如何使用人生剩下的時間」，就能扭轉人生。

請問二〇一一年三月十一日東日本大地震發生當天，各位人在哪裡呢？

當天我人在岩手縣。

那時候我還沒有創業，而是一名被公司外派到岩手縣的上班族。值得慶幸的是，地震發生時我人在離海較遠，更接近內陸的花卷市。不過，雖然我不是首當其衝的受災戶，卻也被迫過了一段停水、斷電的日子。

我當時就職於承辦地震、海嘯等天災的產險公司。公司為了確認受災狀況，人在受災地的我在大地震發生後不到一個星期，便被派遣到災情相當慘重的岩手縣沿岸地區、大船渡市、釜石市、大槌町、宮古市等地。

因此我親眼目睹了大地震發生後，電視台無法在第一時間播出的畫面，這也是人生首次，我深刻體驗到原來自己離「死亡」這麼近。

至今我依然清楚記得，當時有感而發的「原來人隨時可能會死」的強烈感受。

當人迎向生命的終點，可知道自己會為了哪些事情後悔呢？

據說伴隨許多人走完生命旅程的照護員們，經常異口同聲回答的答案是：**「如果這輩子我能誠實面對自己就好了。」**

請問你每天都有正視自己內心的感受過日子嗎？

請問你是否有誠實面對自己的心情，運用人生剩餘的時光呢？

當我強烈體會到「不知死亡何時降臨」的那一刻，我對自己發誓：「既然不知何時會死，我一定要把人生剩下的時間，全部用在自己想做的事上。」

於是我忠實面對自己的想法，投入救災、救助人命，之後等到我被調回東京總公司，我終於在二〇一一年十月十七日脫離上班族身分，自行創業至今。

說起來簡單，但創業的過程絕非一帆風順。

開始創業之後，我有十個月沒有收入。我在上班族時期，待的是在東證一部（現在是Prime）上市的企業，可以坐在坐落於新宿都心的大樓辦公。相形之下，創業以後，有很長一段時間，我都住在距離新宿車程超過一個小時，每當電車經過就會震動的木造二樓公寓。

很多人聽到我說完這段經歷都會問我：「當時沒有覺得不安嗎？」

但我必須老實說，我沒有絲毫的不安。

因為我已經實踐了本書向各位傳達的「神時間力」的所有方法。

包括決定「希望從自己人生的時間得到何種結果」，並鎖定一個明確的目標，接著從一天二十四小時當中，盡量擠出可投資的時間，集中投資在有助於得到結果的事。

另外，為了提升自己的行動等級，我努力研究與學習有關創業的知識，遇到舉棋不定，無法排出優先順序，或者快要屈服於誘惑，我就會問自己：「你現在把目標放在哪裡？」

或許在我身邊的人眼裡，會覺得我過得很刻苦。但我不是故意要虐待自己，只是**「一心想著要如何運用生命所剩的時間」**。

最後我如願以償，成功實現理想，也就是「在喜歡的時間、喜歡的地點做喜歡的工作」。

我要寫作時，都是在位於好山好水的札幌的書房進行；如果要接受媒體採訪和對談就在東京。現在已經是連演講都能以線上型態進行的時代，所以我有時會飛往海外的離島，也會待在老家，陪伴我鍾愛的雙親。

不論地點、工作和時間都由自己決定。我就是靠著「神時間力」，活出所心所欲的人生。

你希望自己過著什麼樣的人生呢？

你想要從人生中獲得什麼呢？

對你而言，所謂的幸福人生是怎麼樣的人生呢？

不論上述問題的答案是什麼，唯獨有一點可以確定。

那就是，不論答案是什麼，都符合**「一定要投入時間才能得到」**。

這就是為什麼我們需要「神時間力」。

能夠從「神時間力」受惠的不只有閱讀本書的讀者，它能夠助你的孩子、人生伴侶、家人、朋友、職場前輩與後輩等每一個想要活出真正自己，而不是活在別人期待裡的人一臂之力。

不論是回顧我自己的過去，還是至今在工作等方面已接受我的建議的超過兩萬人身上，都是清楚地呈現出了這個事實。

「神時間力」是一本能夠替你，還有你珍惜的人，保護餘生時間不再被浪費的書。把這本書當作護身物送給你鍾愛的人，我相信一定是很好的選擇。

如果本書能夠改變讀到這裡的你以及你珍愛的人，那將是身為作者的我最大的欣慰。

我相信能夠在這個時間點與本書相遇，都是命運的安排。
我必須提醒一點，請意識到這樣的命運是自己主動追求而來。
畢竟，是誰決定要投資時間讀完這本書的呢？

不是別人，就是自己。
為了不讓你與「神時間力」這場命運般邂逅所帶來的人生改變就此畫下句點，我在最後為你準備了一分禮物。
若讀完這本書後又若無其事地回到忙碌的日常中，那麼一切將失去意義。
我是真心地用自己所剩的生命時間，一字一句寫下這本書。
正因如此，我也真心希望大家能認真地把時間變成盟友，過上隨心所欲、毫無遺憾的人生。
為此，**我準備了一千個掌握人生時間的具體範例，以及八個「神時間力工具」，將免費贈送給讀者。**

【時間神力八大工具】（QRcode內文為日文）

1 「時間之神的教誨」二十七個實踐工作表
2 找到自己想做的事！五百個具體範例清單
3 更會運用時間的一百個提問
4 自動釐清優先順序的「神時間力流程圖」
5 「浪費時間」的一百個具體範例清單
6 時間變多了！拒絕時的黃金用語一百句
7 應對突發狀況的好幫手：「預期之外的麻煩」一百個具體例子
8 讓自己行動起來的一百個「行動理由」具體範例

不過，並不是所有人都能獲得這些內容。

這套「神時間力八大工具」並不只是單純的特典，其內容甚至足以單獨販售。

當然，購買本書就能獲得它們。

但我製作這八大工具的初衷，是為了那些真正想要改變時間使用方式、想改變自己、想徹底改變人生的人。

因此，**請掃描這個QR碼，加入LINE好友，並在加好友後，務必透過聊天傳送通關密語「神時間力」**。

若有認真讀這本書，那麼獲得這分禮物應該不會有問題，但對於那些沒有好好閱讀書本的人，將輕易取得這分禮物。

請不要白白浪費了這筆「讀完這本書」的時間投資。

變化已經開始發生了。我相信時間已經成為與你同一陣線的夥伴了。

我也會助你一臂之力，透過「神時間力」擁有心想事成的人生。

最後我要藉這個機會，向負責編輯本書的江波戶裕子小姐、在「神時間力」的製作上，給予眾多建議的矢島和郎先生，以及沼田洋介先生等各位飛鳥新社的同仁，至上深深的謝意。

最後是投資了寶貴時間閱讀本書的你。

說不定你現在正為了某件事苦惱不已。
說不定你現在正置身於找不到出口的黑暗之中。
說不定你現在正打算屈服，告訴自己我的人生就是這樣了。

但是，沒問題的。
你的問題全都**「可以靠時間解決」**。
我說的不是把主動權交給別人，那種「船到橋頭自然直」的消極想法。
只要實踐這本書中告訴你的、真正的時間用法，你的人生就會如你所願。

別再蹉跎時間，請快點決定想要從自己的人生中獲得什麼吧。
請下定決心，不要再把餘生的寶貴時間用在無助於達到目標的事上。

人生的所剩時間，不屬於任何人，只屬於你。
所以根本無須猶豫。
別擔心，你不是孤軍奮戰。
我支持著你。
你的人生從今天開始自由。

我很期待能夠在某個地方，遇到踏上新的人生、開啟新世界，能夠在喜歡的時間、地點做著喜歡的工作的你。

参考文献

《神メンタル「心が強い人」の人生は思い通り》（星渉／KADOKAWA）
《神トーク「伝え方しだい」で人生は思い通り》（星渉／KADOKAWA）
《神モチベーション「やる気」しだいで人生は思い通り》（星渉／SBクリエイション）
《99.9％は幸せの素人》（星渉・前野隆司／KADOKAWA）
《SINGLE TASK 一点集中術──「シングルタスクの原則」ですべての成果が最大になる》（デボラ・ザック著／栗木さつき訳／ダイヤモンド社）
《WHITE SPACE　ホワイトスペース─仕事も人生もうまくいく空白時間術》（ジュリエット・ファント著／三輪美矢子訳／東洋経済新報社）
《ブレイン・ルール　健康な脳が最強の資産である》（ジョン・メディナ博士著／野中香方子訳／東洋経済新報社）
《最高の自分を引き出す 脳が喜ぶ仕事術》（キャロライン・ウェッブ著／月沢李歌子訳／草思社）
《時間は存在しない》（カルロ・ロヴェッリ著／冨永星訳／NHK出版）
《大事なことに集中する──気が散るものだらけの世界で生産性を最大化する科学的方法》（カル・ニューポート著／門田美鈴訳／ダイヤモンド社）
《YOUR TIME ユア・タイム：4063の科学データで導き出した、あなたの人生を変える最後の時間術》（鈴木祐／河出書房新社）
《限りある時間の使い方》（オリバー・バークマン著／高橋璃子訳／かんき出版）

《限られた時間を超える方法》（リサ・ブローデリック著／尼丁千津子訳／かんき出版）
《24時間すべてを自分のために使う　タイムマネジメント大全》（池田貴将／大和書房）
《時間術大全——人生が本当に変わる「87の時間ワザ」》
（ジェイク・ナップ著／ジョン・ゼラツキー著／櫻井祐子訳／ダイヤモンド社）
《AI分析でわかったトップ5%社員の時間術》
（越川慎司／ディスカヴァー・トゥエンティワン）
《自分の時間——1日24時間でどう生きるか》
（アーノルド・ベネット著／渡部昇一訳・解説／三笠書房）
《いつも「時間がない」あなたに：欠乏の行動経済学》
（センディル・ムッライナタン他著／大田直子訳／早川書房）

參考網站

《マコなり社長》（https://www.youtube.com/@makonari_shacho）

Note

Note

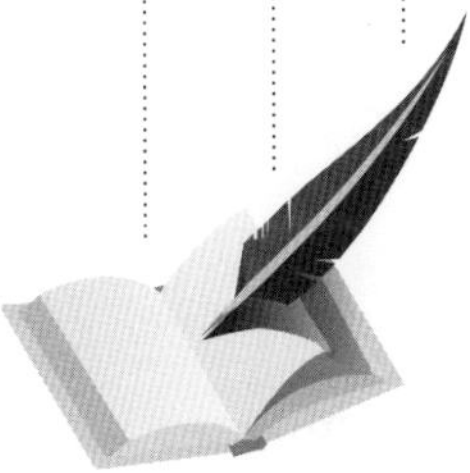

神時間力：懂得善用時間,人生就能心想事成
/ 星渉作作；藍嘉楹譯. -- 初版. -- 新北市：
世潮出版有限公司, 2025.07
面；　公分. --（暢銷精選；96）
ISBN 978-986-259-118-5（平裝）

1.CST: 自我實現 2.CST: 時間管理 3.CST: 工作效率 4.CST: 成功法

177.2　　　　114005282

暢銷精選96

神時間力：懂得善用時間，人生就能心想事成

作　　者 / 星渉
譯　　者 / 藍嘉楹
編　　輯 / 陳怡君
封面設計 / 林芷伊
出 版 者 / 世潮出版有限公司
地　　址 / (231)新北市新店區民生路19號5樓
電　　話 / (02)2218-3277
傳　　真 / (02)2218-3239（訂書專線）
劃撥帳號 / 17528093
戶　　名 / 世潮出版有限公司
單次郵購總金額未滿500元（含），請加80元掛號費
世茂官網 / www.coolbooks.com.tw
排版製版 / 辰皓國際出版製作有限公司
印　　刷 / 世和彩色印刷股份有限公司
初版一刷 / 2025年7月

ISBN / 978-986-259-118-5
EISBN / 9789862591178（PDF）9789862591161（EPUB）
定　　價 / 360元